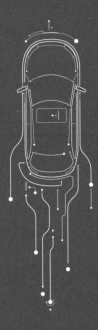

新 能 源 与
智 能 汽 车 技 术 丛书

Intelligent Automobile Environmental
Perception Technology

智能汽车
环境感知技术

时培成　著

化学工业出版社

·北京·

内 容 简 介

本书全面系统地介绍了智能汽车环境感知技术，包括汽车的智能化、环境感知技术的重要性及国内外研究现状，智能汽车感知系统及传感器的标定方法，基于单目视觉的环境感知技术，基于MobileNetv2_CA-YOLOv4 的环境感知技术，基于 MCDVformer 的多任务环境感知技术，基于点云数据增强的环境感知技术，基于两阶段序列融合的环境感知技术，基于多模态融合的环境感知技术，等等。

本书从学术界及工业界的角度出发，全面阐述了全新的环境感知算法，深入探讨了深度学习和神经网络等关键算法在环境感知领域的应用以及学术界需要攻克的重难点，可作为从事汽车行业的工程算法人员及相关专业的本科生、研究生的参考书，也可供智能汽车爱好者阅读。

图书在版编目（CIP）数据

智能汽车环境感知技术/时培成著 . —北京：化学工业出版社，2023.12

（新能源与智能汽车技术丛书）

ISBN 978-7-122-44295-6

Ⅰ.①智… Ⅱ.①时… Ⅲ.①汽车-智能通信网 Ⅳ.①U463.67

中国国家版本馆 CIP 数据核字（2023）第 192078 号

责任编辑：张海丽　　　　　　　　　　　　文字编辑：袁　宁
责任校对：王鹏飞　　　　　　　　　　　　装帧设计：王晓宇

出版发行：化学工业出版社（北京市东城区青年湖南街 13 号　邮政编码 100011）
印　　装：北京缤索印刷有限公司
787mm×1092mm　1/16　印张 11½　字数 264 千字　2024 年 1 月北京第 1 版第 1 次印刷

购书咨询：010-64518888　　　　　　　　　　售后服务：010-64518899
网　　址：http://www.cip.com.cn
凡购买本书，如有缺损质量问题，本社销售中心负责调换。

定　　价：98.00 元　　　　　　　　　　　　　　版权所有　违者必究

汽车产业正在经历百年未有之大变局，电气化、智能化和网联化是未来汽车发展的主要趋势。一方面，能源消耗、环境保护、供需失衡、交通拥堵和行车安全给汽车产业可持续发展带来的压力与日俱增，要求汽车行业必须把握新机遇，提供全新解决方案。另一方面，新一轮科技革命推动科技公司、创业公司及新型模式运营公司等外部力量加速跨界进入汽车领域，汽车的产品属性、产业价值链和生态结构都将完全不同。

近年来，全球自动驾驶汽车发展迅速，以 Waymo、Tesla、百度等为代表的企业持续加大自动驾驶算法研发投入，大规模开展自动驾驶测试、验证和示范应用，并逐步探索无人驾驶汽车商业化运营。

现阶段，汽车的电气化已经取得了阶段性的进展，接下来应该把智能化放到更加重要的位置上。环境感知技术一直是智能汽车的核心议题，它可与自主导航、路径规划和决策控制等算法形成闭环的自动驾驶系统。目标检测算法作为环境感知的基础任务，旨在识别传感器数据中感兴趣的物体，并确定物体的位置、尺寸及类别，帮助车辆理解前方障碍物"是什么""在哪里"。为了进行更强的环境感知和更可靠的目标检测，自动驾驶汽车上同时部署了相机传感器和激光雷达传感器，通过单模态、多模态传感器算法实现智能汽车的平稳安全行驶。

本书全面系统地展示了最新的智能汽车环境感知算法研究成果。全书共分 8 章：第 1 章介绍了汽车的智能化、环境感知技术的重要性，智能汽车环境感知算法的国内外研究现状；第 2 章介绍了智能汽车感知系统及传感器标定方法，包括感知系统介绍、单目相机标定、相机和激光雷达联合标定；第 3 章介绍了基于单目视觉的环境感知技术，包括深度学习理论及相关方法介绍、Vision Transformer、Swin Deformable Transformer-BiPAFPN-YOLOX 的目标检测算法、实验与分析、实车实验；第 4 章介绍了基于 MobileNetv 2_CA-YOLOv4 的环境感知技术，包括轻量化目标检测算法；第 5 章介绍了基于 MCDVformer 的多任务环境感知技术，包括多任务主干 MCDVformer 介绍、目标检测实验、实例分割实验、目标分类实验、语义分割实验、消融实验、实车实验；第 6 章介绍了基于点云数据增强的环境感知技术，包括点云密度和语义增强框架和流程、点云和图像之间的坐标转换、数据集和检测器细节、消融实验；第 7 章介绍了基于两阶段序列融合的环境感知技术，包括多模态传感器融合方法及概念、两阶段序列融合网络、最近群组关联的点云语义增强、基于置信度和距离的非极大值抑制、消融实验；第 8 章介绍了基于多模态融合的环境感知技术，包括多模态融合环境感知算法问题描述、MFF-Net 总体框架、实验设置、消融实验。

本书由时培成教授撰写。参与资料收集、整理及相关数据统计的有刘志强、齐恒、陈新禾、张程辉、刘糠继、李龙等博、硕士研究生。

特别感谢梁涛年博士、周定华正高级工程师，他们为本书提供了宝贵的意见和建议。此外，还要感谢海滨、倪绍勇、赵夕长、王文冲、蒋爱强等高级工程师，他们为本书提供了相关数据和统计信息。

由于笔者学识有限，书中不足之处在所难免，恳盼读者给予指正。

著　者

目录

第 1 章

绪论

1.1　汽车的智能化

汽车作为人类文明和科技进步的产物，其智能化具有深厚的历史底蕴和灿烂的文化背景，反映了科技水平的演进。自 1886 年世界上第一辆汽车诞生以来，经过 100 多年的发展，汽车行业经历了巨大的进步和创新，涵盖了诸多方面，包括发动机、车身结构、安全性能、燃料效率、智能化等。目前，随着电子信息算法和通信算法的进步以及电子电气设备与芯片技术的飞跃，汽车开始融入智能化网联化的发展方向，汽车的功能也越来越丰富，带给人们更多的便利性，如车载导航系统、智能驾驶辅助系统和娱乐系统等，智能化、网联化是下一代汽车的发展方向。

1.1.1　智能汽车

与传统汽车不同，智能汽车是一种应用先进算法和装备了先进电子电气设备的汽车，能够实现自主感知、决策和执行操作，以完成特定的驾驶任务。智能汽车的发展是计算机、现代传感、信息融合、通信、人工智能及自动控制等多个领域技术的综合应用。

1.1.2　智能网联汽车

智能网联汽车是指搭载先进的车载传感器、控制系统、执行器等装置，并融合现代通信与网络技术，实现车与 X（车、路、人、云端等）之间的智能信息交换、共享，且具备复杂环境感知、智能决策、协同控制等功能，可实现安全、高效、舒适、节能行驶，并最终可实现替代人为操作的新一代汽车。整体而言，智能网联汽车是汽车、电子、信息通信、道路交通运输等行业深度融合的新兴产业形态。

智能网联汽车包含智能化和网联化两大技术路径，协同实现"信息感知"和"决策控制"功能。

① 智能化：依赖高级辅助驾驶系统 ADAS，采用车载传感器与汽车自动控制系统相结合的方法实现汽车的自动巡航（ACC）、自动泊车（APS）及自动紧急制动（AEB）等一系列功能。目前，新上市的车辆大多具有自动紧急制动系统和车道保持辅助（LKA）系统，并能实现人车互联。

② 网联化：依靠搭载智能网联汽车 V2X 通信系统，进一步实现车-人、车-车、车-路、车-云端的信息交换，提高汽车行驶的安全性、道路通行效率等，并最终实现无人驾驶，如图 1.1 所示。

图 1.1 智能网联汽车

1.1.3 无人驾驶汽车

无人驾驶汽车（Self-Driving Car）也称为无人车、自动驾驶汽车，是指车辆能够依据自身对周围环境条件的感知、理解，自主进行运动控制，且能达到人类驾驶员驾驶水平。

真正的无人驾驶汽车必须能够导航到目的地，自动避开障碍物，并且在没有任何人为干预的情况下停车。为了实现这一目标，无人驾驶汽车必须具有感知周围环境的人工智能系统，以处理视觉数据并确定如何避免碰撞、操作汽车机械（如转向和制动）、使用 GPS 追踪汽车当前的位置和目的地。没有人工智能，汽车不可能真正实现无人驾驶。例如，Waymo 很早就开始了有针对性地训练人工智能模型，输入数十亿英里❶的行驶数据，然后设置每一个可以察觉到的障碍和突发情况，以观察人工智能的反应。当人工智能学会了如何处理问题，才开始慢慢学习如何在真实道路上行驶。大多数无人驾驶汽车配备了三种视觉系统：视觉摄像头、雷达和激光雷达。人工智能需要视觉摄像头来读懂路灯、停车标志等物体，需要雷达来及时捕捉大多数障碍物，用激光雷达发现比较小的障碍物。当然也有例外，拥有自动驾驶能力的特斯拉 Model 3 并没有使用激光雷达。埃隆·马斯克给出的解释是，激光雷达是一个过于昂贵的"拐杖"，相机和雷达足够满足需求。但需要指明的是，特斯拉的 Model 3 并不是真正意义上的无人驾驶，"自主""自驾"等名词和"无人驾驶"在很多时候被混淆，如一些在高速公路上的自适应巡航技术，也被包装成了"自动驾驶"。

无人驾驶系统包含的范畴很广，涉及多门学科的交叉，包含电子信息工程、控制工程、信号工程、通信工程、计算机工程等。若用一句话来概述无人驾驶系统，即"通过多种车载传感器（如摄像头、激光雷达、毫米波雷达、GPS、惯性传感器等）来识别车辆所处的周边环境和状态，并根据所获得的环境信息（包括道路信息、交通信息、车辆位置和障碍物信息等）自主做出分析和判断，

---

❶ 1 英里约为 1.6 千米。

从而自主地控制车辆运动，最终实现无人驾驶"，如图 1.2 所示。

图 1.2　无人驾驶汽车

1.2　环境感知技术的重要性

　　自动驾驶技术近年来取得了飞速的发展，它旨在使车辆能够智能感知周围场景中的目标，并在很少或不需要人为干预的情况下安全行驶。自动驾驶算法已经广泛地应用到许多交通场景，包括自动驾驶卡车、机器人出租车、送货机器人等，能够减少人为失误，提高道路安全性。

　　环境感知技术是智能车辆发展中的关键技术之一，也是无人驾驶汽车的眼睛，将影响整个无人驾驶汽车的安全性和稳定性。雷达感知算法、视觉感知算法、车联网算法应用于智能网联汽车环境感知的研究，是智能网联汽车环境感知技术的重要发展方向。结合车载各种传感装置，利用车联网，通过信息融合，实现对复杂道路交通环境的全息感知，是智能网联汽车环境感知算法的重点发展方向。

　　环境感知作为自动驾驶的核心组成部分，可以帮助车辆通过感知的信息输入来理解周围环境。环境感知通常采用传感器数据作为输入，如相机图像、激光雷达点云和高精度地图等，进而预测周围环境中关键目标的位置和类别。预测精度高的感知结果可以为中下层控制的路径规划和决策控制提供可靠的数据。由于智能汽车有着广泛的应用前景，国内外涌现出很多智能汽车企业，如百度Apollo、Waymo、TuSimple 和 Momenta 等，这些新兴车企致力于实现智能汽车算法的落地应用，其智能汽车如图 1.3 所示。此外，国内外大学和科研机构也成立了自动驾驶算法的研发实验室。例如，清华大学、上海交通大学、湖南大学、香港中文大学、斯坦福大学和卡耐基梅隆大学等。可以看出，智能汽车算法的研发呈现出蓬勃发展的趋势，未来会有很大的发展前景。

　　智能汽车需要全面地理解驾驶场景，因此，环境感知算法扮演了重要的角

(a) 百度Apollo自动驾驶汽车

(b) Waymo自动驾驶汽车

(c) TuSimple自动驾驶卡车

(d) Momenta自动驾驶汽车

图 1.3　智能汽车

色。环境感知中涉及许多视觉任务，如目标检测、车道线检测、实例分割和语义分割等。在这些任务中，目标检测是环境感知中不可缺少的任务之一。目标检测旨在预测复杂环境场景中目标的位置、大小和类别，如汽车、行人、骑自行车的人等。目标检测可以在真实的三维场景中对目标进行定位和识别，并且预测的几何信息可以用于测量车辆与目标之间的距离，进而帮助行驶的车辆规划路径和避免碰撞。如图 1.4 所示为相机和激光雷达传感器用于目标检测的结果（上图为点云空间中的检测结果、下图为对应图像中的投影后结果）。

图 1.4　三维目标检测结果

本书旨在介绍复杂交通场景下智能汽车环境感知技术，对促进我国自动驾驶基础算法的进步，加速我国汽车产业的发展，具有科学研究和工程指导意义。

1.3 国内外研究现状

1.3.1 基于图像的环境感知技术

二维目标检测是计算机视觉任务的基础，一个目标检测系统在进行检测任务时需要从输入的图像或视频中定位并识别出图像中的目标。目标检测任务需要考虑如何准确定位目标，如何能够达到较快的检测速度，如何准确检测，以及考虑目标的尺度变化问题，等等，这就使得目标检测任务算法的设计和优化需要综合考虑多种因素，如算法的准确性、速度、鲁棒性、泛化能力等。

1.3.1.1 传统的目标检测算法

传统的目标检测算法其检测步骤一般有两步：第一步由人工设计特定的特征提取器；第二步使用人工设计的特征提取器在滑动窗口的像素中提取特征并使用分类器进行分类，进而实现目标检测。Viola 等使用快速的 Haar-like 特征和级联分类器的结构，使得算法在检测速度和准确率之间找到一个平衡点。Dalal 等提取 HOG（Histogram of Oriented Gradients）特征，获取图像中局部方向梯度直方图，将人体的外形和纹理信息转化为低维的特征向量，然后使用支持向量机（Support Vector Machine，SVM）进行分类。Felzenszwalb 等提出可变形组件模型（Deformable Part Model，DPM）的方法，它能够对目标的形状变化和姿态变化进行适应。如图 1.5 所示是传统目标检测算法的步骤示意图。

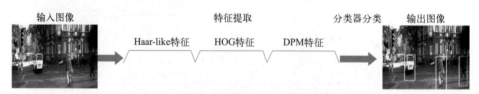

图 1.5 传统目标检测算法的步骤示意图

1.3.1.2 基于深度学习的目标检测算法

基于深度学习的目标检测算法成为主流是从 AlexNet 分类网络的问世开始的，其中，卷积神经网络（Convolutional Neural Network，CNN）成为目标检测算法中的经典特征提取器并为目标检测算法提取相关特征。选择性搜索算法（Selective Search，SS）在两阶段目标检测算法 R-CNN 中提取候选目标框，R-CNN 算法在对候选目标框的特征提取时使用大量的卷积计算，产生较多计算冗余。

He 等提出网络层结构空间金字塔池化（Spatial Pyramid Pooling，SPP），以解决在不同大小的输入图像上进行目标检测时，网络需要固定输入大小的问题。Girshick 提出 Fast R-CNN 目标检测算法，使用全连接层来代替 R-CNN 中的卷积操作，引入 RoI Pooling 层来解决卷积结果与 RoI 不匹配的问题，从而更好地捕捉物体的局部特征。

在那之后，Ren 等率先提出一种名为 RPN（Region Proposal Network）的新型神经网络模块，其可以与 Fast R-CNN 模型共同训练，使得算法可以同时完成目标检测和分类任务。Lin 等提出通过特征金字塔网络 FPN（Feature Pyramid Network）自上而下的反卷积路径进行特征融合，从而在不同尺度上实现高效和准确的目标检测。Joseph 等首先提出 YOLO（You Only Look Once）实时目标检测算法，将输入到神经网络的图像直接输出目标的位置和类别，该方法具有高速度和较高的准确率。之后，Joseph 等提出一种新的目标检测算法 YOLO9000，在训练中使用多尺度训练和批量正则化方法，在准确性和速度方面都有显著的提升。Redmon 提出了 YOLOv3 模型，提高对不同尺度特征层的特征提取能力，引入 FPN（Feature Pyramid Network）结构，通过改进锚框可以更好地适应不同尺度的物体，使算法在检测精度、速度和通用性方面都有明显的提升。

Liu 等提出一种新的称为 SSD（Single Shot Multibox Detector）的目标检测算法和检测框架，使用一系列不同尺寸和宽高比的边界框和新的损失函数，并对不同大小的目标进行加权处理，这些创新使得 SSD 在准确性和速度方面都有很好的表现。图 1.6 是基于深度学习的目标检测算法流程图。

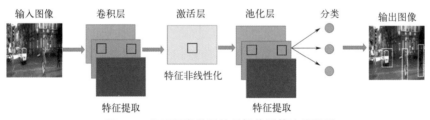

图 1.6　基于深度学习的目标检测算法流程图

1.3.1.3　基于轻量化的目标检测算法

目标检测网络的设计趋势是探索具有可接受的移动设备性能的轻量化高效网络架构，常用的做法是压缩现有的卷积神经网络或设计出新的轻量化网络架构。Han 等提出使用网络修剪的方法修剪神经网络中不重要的权重，通过权重剪枝减少全连接层，可以减少大量参数。但其存在不规则稀疏性，不能有效降低卷积计算成本。

Li 等利用 l_1 范数正则化来修剪过滤器以获得有效的 CNN，这些过滤器被认为对输出精度影响很小，通过删除网络中的整体过滤器及其连接特征图，减少计算成本。Rastegari 等将权重和激活量化为一位数据，同时将滤波器和卷积层改为二进制操作替代卷积，实现一定程度的压缩和加速比，但是网络整体的参数量下降并不明显。Hinton 等引入知识蒸馏方法，将知识从较大的模型转移到较小的模型，这会导致整个网络的泛化能力变差。Han 等使用一种新的 Ghost 模块，其首先控制普通卷积总数，然后利用线性运算生成更多特征图，在不改变特征图大小情况下降低参数总量。Iandola 等通过 Fire module 基本模块实现 SqueezeNet 网络的构建，其中压缩层采用 1×1 的卷积核来减少参数量，扩展层则采用 1×1 和 3×3 卷积核得到特征图，然后拼接特征图，得到输出，但是由于其参数过少，导致对于复杂问题的表达能力较弱。Zhang 等对常规残差结构进行改进，将与输入特征图相连的第一个 1×1 卷积层替换为分组卷积，并利用通道清洗操作对分组卷积各组输出结果进行信息交互，以此实现在降低运算量的情况下保证网络性能，但其会因为输出通道信息仅来自输入通道信息的一部分而产生边界效应。图 1.7 是 SqueezeNet 网络中的压缩和扩展层示意图。

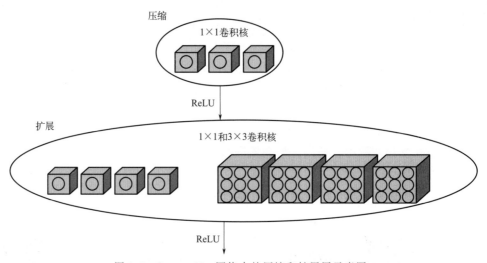

图 1.7　SqueezeNet 网络中的压缩和扩展层示意图

1.3.1.4　基于图像的三维目标检测算法

随着深度学习的发展，基于图像的二维目标检测取得了前所未有的成功和普及。但二维目标检测无法提供足够多的信息来感知环境，只能提供目标的二维边界框和相对应的类别置信度分数。然而，真实世界中的目标在运动过程中需考虑自身的三维形状以及旋转角，并且三维目标检测有助于创建更准确的空间路径规划和导航。相比于二维目标检测，三维目标检测需要更多的输入参数来预测对象面向三维的边界框，这是一项更具有挑战性的任务。

相机作为自动驾驶汽车中被广泛部署的传感器，具有成本低、分辨率高、包含丰富的颜色和纹理属性等优点，但最关键的缺点在于相机缺乏预测目标位置和形状的深度信息。因此，如何可靠地提取图像的三维特征，受到了工业界和学术界越来越多的关注。先前的工作大多数是首先检测出二维候选区域，再结合神经网络、几何约束或三维模型匹配的方式预测包含对象的三维边界框。清华大学 Chen 等提出了 Mono 三维网络，其首先利用二维检测器获得简单的候选区域，再利用图像的上下文和语义信息手工设计目标的形状特征和位置先验。清华大学 Chen 等的另外一项成果——三维 OP 网络，进一步将问题描述为能量函数的最小化、物体尺寸的编码以及地平面深度的预测，并结合卷积神经网络回归目标的类别置信度分数。韩国成均馆大学 Pham 等扩展了三维 OP 生成二维候选区域的能力，并利用深度图和单目图像重新对网络生成的候选区域进行排序。

自动驾驶环境中一个重要的特征是在拥挤的交通场景中会出现严重的遮挡，车辆可能会遮挡环境中的其他代理车辆以及自车的视线，基于二维候选区域进行三维目标检测的方法对于遮挡现象极其敏感。因此，2019 年以后的方法致力于直接将二维像素或特征提升到三维空间中，并非根据二维图像的推理结果强制性地预测三维边界框。美国康奈尔大学 Wang 等提出 Pseudo-LiDAR 网络，如图 1.8 所示，其首先将单目图像通过深度映射转换为伪激光雷达点，然后将其输入三维检测器中完成检测。

单目图像　　　　　　　　深度图　　　　　　　伪激光雷达点

图 1.8　Pseudo-LiDAR 网络的工作示意图

美国康奈尔大学 You 等在 Pseudo-LiDAR 网络的基础上，提出了立体深度估计网络和损失函数，提高了深度预测的精度。这两项开创性的工作为连接二维透视空间和三维空间提供了一条可行的路径，为后续以视觉为中心的鸟瞰视图（Bird's-Eye View，BEV）感知提供了启发。2020 到 2022 年间基于图像的三维目标检测算法主要聚焦于透视视图（PV）到鸟瞰视图（BEV）的转换，中国科学院大学 Li 等提出了 BEVDepth 网络，其利用激光雷达点云的深度信息来监督网络的训练，这种显示的监督机制结合相机的固有参数能够指导网络更好地理解像素深度的分布规律。值得注意的是，BEVDepth 使用了 nuScenes 数据集中的环视图像（包括 6 个不同的相机视角），这极大地促进了后续对于跨图像目标检测的研究。清华大学 Zhang 等提出了 BEVerse 网络，其在多视角摄像机视频中提取 BEV 的时空特征，进一步结合时序编码-解码器进行多任务的联合推理和预测。

近年来，BEV 下的三维感知引起了广泛的关注，其包含具有丰富的语义信息、精确位置信息和绝对尺寸信息的交通场景，可以直接部署到行为预测、运动规划等下游任务中。随着计算机视觉中数据驱动方法的发展，特斯拉在 2022 AI Day 上首次展示了利用一组环视相机进行 BEV 目标检测的强大功能。其首先使用 Transformer 将透视视图（PV）投影到 BEV 平面上，然后结合位置编码设计一组 BEV 查询，最后根据 BEV 查询与图像特征间的交叉注意力来进行视图转换，大幅度提升了纯视觉三维目标检测的精度。瑞士苏黎世联邦理工学院 Can 等提出了 STSU 网络，其采用稀疏查询的框架，可以从单个图像中提取表示 BEV 空间中局部道路的有向图，实现了目标检测与鸟瞰视图分割的同步进行。

以上回顾了基于相机的三维目标检测的发展动态，从基于二维候选区域的方法到基于深度预测的方法，再到现在视图转换的方法，揭示了相机作为自动驾驶传感器的重要性以及局限性。

1.3.2　基于点云的环境感知技术

现阶段另外一种主流的三维目标检测算法是通过激光雷达点云。与图像不同，点云具有可观测的三维几何信息，适用于更多类型的目标检测任务。除此之外，激光雷达具有较强的测距能力和可穿透性的优点，能够提供高质量的空间信息，且不存在目标遮挡的问题。车载传感器的抗干扰能力也是至关重要的，激光雷达可以无视照明、光线条件的影响，能帮助智能汽车看得更远、更清楚。然而目前激光雷达检测算法还未在汽车上大规模应用的原因在于：

① 激光雷达的造价昂贵，维护成本高。

② 激光雷达点云具有低刷新率和低分辨率，点云的排列是不规则的、无序的，并且缺少类似于图像的颜色和纹理特征。

随着自动驾驶各项标准的建立以及国产激光雷达的崛起，相信在未来，硬件成本不会成为阻碍汽车搭载激光雷达的因素。而在核心算法层面上，根据点云特性（稀疏性、无序性和信息有限性）进行准确的三维目标检测是众多学者重点研究的课题。

目前，基于点云的三维目标检测算法可分为两个子类：基于体素和基于Pillar。Apple公司 Zhou 等提出了 VoxelNet，首次进行了端到端的三维检测研究，其将不规则的点云划分为体素，并预测三维边界框。而在 VoxelNet 中，应用了大量高计算成本的三维卷积，这使得实时应用具有挑战性。重庆大学 Yan 等提出了 SECOND 网络，引入了三维稀疏卷积来加速和提升性能。其利用三维稀疏卷积组成的主干网络提取体素特征，然后将体素沿高度方向拼接，最后再进行二维卷积操作并获得密集的 BEV 特征。SECOND 网络架构如图 1.9 所示。美国得克萨斯大学 Yin 等提出了 CenterPoint 网络，其为每个检测对象分配一个中心点，从而实现无固定尺寸锚框的目标检测。为精细化检测框的尺寸，香港中文大学 Shi 等提出 Part A^2 网络，其利用两阶段的结构对非空体素进行编码和解码。另外一项两阶段的工作：中国科学院大学 Deng 等提出 Voxel R-CNN 网

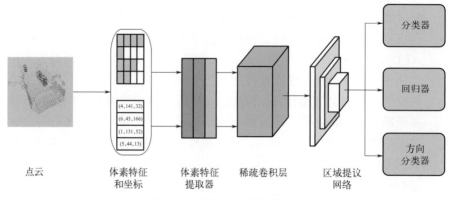

图 1.9　SECOND 网络架构

络，设计了一种简单有效的体素池化方法，细化后的感兴趣区域提供了更聚集的点云特征。基于体素的结构适合于特征提取，但由于输入数据被划分为网格，给网络带来了一定的计算开销与负担。

相比于基于体素的方法，基于 Pillar 的方法旨在减少推理过程中的时间消耗。nuTonomy 无人驾驶公司开创性地提出 PointPillars 网络，它使用池化操作将点云特征转换为鸟瞰视图中的伪图像，从而实现了仅使用二维卷积层进行端到端的学习。因此，PointPillars 可以部署在具有低延迟和低算力的嵌入式系统上。美国马里兰大学 Wang 等在 PointPillars 的基础上，添加了一个两阶段的注意力网络，用于细粒度候选目标的细化。哈尔滨工业大学 Shi 等提出了 Pillar-Net 模型，其将具有 ResNet18 结构的二维稀疏卷积引入到 BEV 特征提取模块的主干中。中国自动驾驶初创公司 DeepRoute 提出了 HVNet 模型，它对不同分辨率的 Pillar 进行特征融合，利用多检测头的形式提升了小目标的检测能力。华南理工大学 Wang 等提出了 F-Convnet 模型，其将 Pillar 中的点云进行特征提取并通过全连接层对目标进行分类和位置回归，完成了点级特征到锥级特征的转换。实验表明，在经过充分的二维稀疏卷积提取特征后，基于 Pillar 的网络能够达到与基于体素的网络相似的精度。然而，由于大量的三维几何信息丢失，基于 Pillar 的方法难以突破三维目标检测的瓶颈。

综上所述，基于单模态的方法都有其固有的缺点，例如：基于相机的方法易遭受目标遮挡的影响；基于激光雷达的方法受到输入数据分辨率的阻碍。成熟的感知系统必须在所有不同条件下提供有效的感知结果，这依赖于单一类型的传感器是难以实现的。为应对这些挑战，大量基于多模态融合的方法被广泛研究，在这里为了说明单一模态传感器无法保证精确感知，本书结合 nuScenes 官方发布的三维目标检测测评榜单进行定量的分析。nuScenes 挑战赛作为检验感知算法在自动驾驶领域相关任务性能的试金石，自 nuScenes 数据集公开以来，吸引了来自全球各地的研究团队的结果提交。

如表 1.1 所示，本书调研了最新和具有代表性的三维目标检测算法，在这里重点关注不同算法所使用的传感器。显而易见的是，基于激光雷达和相机融合的方法取得了最先进的性能［最高的平均检测精度（mean Average Precision，mAP）达到了 0.717］，而基于相机的方法的最高 mAP 仅达到 0.520，基于激光雷达的方法的 mAP 最高为 0.689。同样，在 nuScenes 检测分数（nuScenes Detection Score，NDS）评价标准上，基于多模态融合的方法仍然取得了最好的表现（BEVFusion 的 NDS 达到了 0.738，领先于其他方法）。

表 1.1　不同三维目标检测算法的介绍及性能比较

方法	日期	模态	视图	mAP	NDS
BEVFormer	2022-03	相机	BEV	0.445	0.535
BEVDepth	2022-06	相机	BEV	**0.520**	**0.609**
Sparse4D	2022-11	相机	PV	0.501	0.575
PolarFormer	2022-05	相机	BEV	0.503	0.578
MDRNet	2022-09	激光雷达	BEV	**0.689**	**0.728**

方法	日期	模态	视图	mAP	NDS
MGTANet	2022-08	激光雷达	BEV	0.675	0.727
LidarMultiNet	2022-07	激光雷达	BEV	0.670	0.716
VISTA	2022-03	激光雷达	BEV&PV	0.637	0.704
AutoAlignV2	2022-02	相机、激光雷达	BEV&PV	0.684	0.724
DeepInteraction	2022-06	相机、激光雷达	BEV&PV	0.708	0.734
BEVFusion	2022-10	相机、激光雷达	BEV	**0.717**	**0.738**
PAI 三维	2022-09	相机、激光雷达	BEV&PV	0.704	0.699

1.3.3 基于多传感器融合的环境感知技术

已经有很多机构和学者在多模态的空间融合方面进行了大量研究，借鉴二维感知成熟的做法，一个很自然的想法是将激光雷达点云投影到相机图像上，再利用二维卷积神经网络处理 RGB-D 数据。

清华大学 Chen 等提出 MV3D 网络，如图 1.10 所示，其将激光雷达点云沿着前置相机的 RGB 通道投影到鸟瞰视图和前视图，利用池化层提取与每个视图的分支相对应的特征，并生成最终的三维感兴趣区域。在 MV3D 表示方式的基础上，加拿大滑铁卢大学 Ku 等提出 AVOD 网络，对得分最高的候选区域进行采样，并投影到相应视图的特征图中，但类似于 MV3D，在卷积阶段会丢失特征细节并阻碍了小目标的检测。为克服小目标的漏检，一类方法利用相机图像获得二维候选区域，利用这些检测结果在三维点云空间中进行推断。美国斯坦福大学 Qi 等提出了 F-PointNet 模型，利用相机校准参数将图像平面上的二维边界框投影到三维空间中，在所产生的视锥区域中进行点云的实例分割。同样，新加坡国立大学 Du 等将点云投影到图像时，选择位于检测框内的点云，并使用这些点进行模型拟合得到初始的三维候选区域。

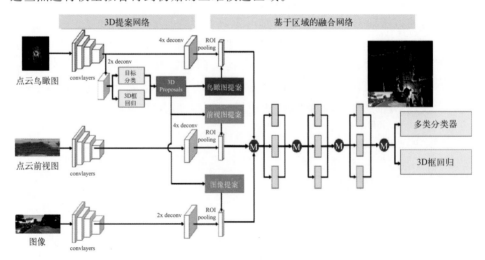

图 1.10　MV3D 网络结构

最近的多传感器融合方法则遵循了另一个方向，nuTonomy 无人驾驶公司 Vora 等提出了 PointPainting 网络，将图像的语义标签映射到激光雷达点云，用于装饰和增强原始点云，这些强化后的点云可用于任意的三维检测器中。美国得克萨斯大学 Yin 等提出 MVP 网络，利用二维图像的语义分割结果生成虚拟点，并通过插值和投影的方式增强点云的密度。尽管这些点级融合的方法在大规模检测基准上表现出显著的性能，但这些方法几乎不能在面向语义的任务上工作。这是因为激光雷达到相机的投影映射产生了严重的几何失真，这使得它们对于几何导向的三维目标检测无法更精确地运行。

基于投影映射矩阵的融合方法是线性的、显式的、绝对的，而像素与点云的对应关系是非线性的、隐式的、相对的。利用投影映射矩阵进行三维点云到二维图像的映射，会造成点云与像素错误的位置对应关系与几何失真，这将不利于网络的训练与推理。

1.3.4 基于多任务网络的环境感知技术

多任务网络建立在深度学习的基础上，利用 CNN 或者 Transformer 强大的特征抽取能力，对不同种类的特征信息进行提取、整合，并找到多个任务之间的共有特征。根据后续任务的需要，可以将目标检测任务分为几个层次：目标分类、目标检测、实例分割以及语义分割。与目标分类任务相比，目标检测更加注重算法对图像前景和背景的理解，需要在不受背景干扰的情况下对图像中的前景目标进行识别、分类，并获取位置信息；语义分割需要区分到图像中的像素点；实例分割是语义分割与目标检测的结合，可以精确到物体边缘。一般的深度学习算法应用场景多聚焦于一类任务，而多任务网络则利用深度学习强大的迁移学习能力，将网络在某一类任务上学习到的先验知识，应用于类似的任务上，使之能同时完成几项相关任务。

在深度学习背景下，多任务学习通常通过隐藏层的硬参数或软参数共享来完成，如图 1.11 所示。

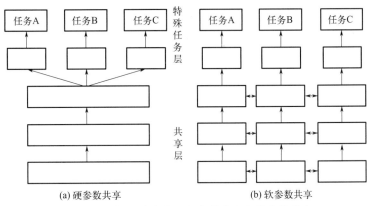

图 1.11　多任务共享中的硬参数共享与软参数共享

硬参数共享是深度学习中最常用的多任务学习方法，它在所有任务之间共享隐藏层，同时保留几个特定任务的输出层。Baxter 在 1997 年指出，过度拟合共享参数的风险为 N 阶，N 为多任务数量，N 小于过度拟合特定任务参数（即输出层）的风险。即同时学习的任务越多，网络就越需要找到一个能捕捉所有任务的表示，网络过度拟合原始任务的机会就越小。

软参数共享是指每个任务有自己的模型，每个模型有自己独立的参数，参数之间的距离被正则化以鼓励参数相似。

多任务网络被广泛应用于计算机视觉领域。2021 年，Wang 等提出了一种完全基于 Transformer 的多任务网络 PVT v1（Pyramid Vision Transformer），通过引入渐近收缩金字塔机制以及空间缩减注意力机制，降低了 Vision Transformer 的计算成本以及学习高分辨率特征时的资源消耗。同年，Liu 等提出了 Swin Transformer v1，利用基于移位窗口的注意力机制将自注意力的计算限制在非重叠的局部窗口内，同时允许跨窗口的连接。目标分类任务中，它在 Image Net-1K 数据集上获得了 87.3% 的准确率；目标检测与实例分割任务中，它在 COCO2017 数据集上分别获得了 58.7% 的检测框平均精度以及 51.1% 的掩码平均精度；语义分割任务中，它在 ADE20K 数据集上获得了 53.5% 的平均交并比。2022 年，Wang 等又提出了 PVT v2，通过引入线性复杂度注意层、重叠补丁嵌入以及卷积前馈网络，将 PVT v1 的计算复杂度降到了线性，并在目标分类、目标检测、实例分割和语义分割基本视觉任务上表现出优越的性能。然而，其结构中只有编码器这种单一形式的特征提取器，造成特征提取效果不充分。2022 年，李伟等提出了多任务网络 SepViT（Separable Vision Transformer），其采用深度可分离自注意力机制实现了窗口内和窗口间的信息交互，采用新颖的窗口 "token" 嵌入和分组自注意力的方法，以较小的计算成本建立了窗口间的注意力关系模型。同年，Liu 等提出了 Swin Transformer v2，解决了 Swin Transformer v1 的训练不稳定性、预训练和微调之间的分辨率差距以及对标记数据的依赖性问题，成为迄今为止最大的密集视觉模型。对于分割任务而言，需要细化目标的边缘信息，然而，窗口内还有待检测目标之外的其他非边缘特征，会对分割造成干扰。

为提升 Transformer 应用于多任务网络的性能，人们开始致力于探索更有效的注意力机制。2021 年，Chu 等提出了空间可分离自注意力机制和交叉窗口自注意力机制，基于此提出了 Twins-PCPVT 和 Twins-SVT 多任务主干网络，并获得了优越的性能。2022 年，Xia 等提出了一种带有灵活注意力机制的多任务主干网络，可以自适应地聚焦于目标区域进而准确地捕获更多的信息特征。同年，Dong 等提出了一种带有窗口注意力机制的多任务主干网络 CSWin Transformer，引入局部增强位置编码以更好地处理局部位置信息，显著减少了 Transformer 作为多任务主干的计算成本，提升了多任务网络的性能。然而，特征在多阶段网络中传递时，信息会丢失，且注意力机制在转移时会衰减。

第 2 章

智能汽车感知系统及传感器标定方法

标定是多传感器坐标匹配、空间融合的前提条件，也是预测目标位置和尺寸的核心。本章首先介绍感知系统的整体架构与传感器组成，然后对相机进行独立标定以及对相机-激光雷达联合标定的原理、数学模型进行分析，并在此基础上设计系列标定实验，求解相机的内参矩阵、相机和激光雷达的内外参矩阵，分析坐标转换对环境感知算法的指导作用。

2.1　感知系统介绍

2.1.1　感知系统架构

　　自动驾驶感知系统是以多种传感器获得的数据与生成高精度地图的信息作为输入，经过一系列的计算及处理，对自动驾驶汽车周围环境进行精确感知的系统，它能够为下游模块提供丰富的语义信息，包括障碍物的位置、形状、类别及速度信息，并为高级辅助驾驶系统的决策层提供准确、及时、充分的依据，进而由执行层对汽车安全行驶做出准确规划与控制。由于单一传感器无法鲁棒地应对非结构化、复杂场景，所以目前主流的智能汽车均搭载了多种类型、多种功能的传感器并行采集数据，以实现安全、稳定、全面的三维感知。

　　本节使用百度 Apollo 线控底盘作为三维感知系统的载体，在此基础上搭建实验平台。智能车实物如图 2.1 所示，该平台主要由五个模块构成：感知模块、导航模块、通信模块、计算模块和控制模块。本章重点研究其中的感知模块，围绕激光雷达与相机的标定，作为后续多模态传感器信息融合、三维目标检测及数据增强研究的基础。本节中所介绍的标定是连接三维空间（激光雷达点云）与二维平面（相机图像）的桥梁，通过求解内、外参矩阵，将不同坐标下的异源数据转换到同一坐标系下，该对应关系是后续感知算法的核心，也是三维感知系统中的关键环节。

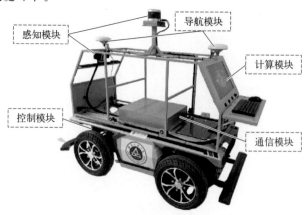

图 2.1　智能车实物

感知系统工作流程如图 2.2 所示，首先采用外触发方式，在控制盒（下位机）中实现相机与激光雷达传感器采样时间同步，通过网口在路由器中进行数据通信；然后将表征同一时刻信息的相机图像和激光雷达点云输入至工控机（上位机）中进行空间匹配；随后构建基于深度神经网络的算法模型，将空间、时间同步完毕后的多模态数据进行融合、处理，以获得感兴趣信息；最终将模型的输出结果可视化。

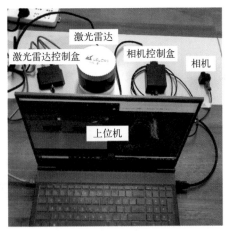

图 2.2　感知系统工作流程图

2.1.2　传感器介绍

相机作为自动驾驶中最常用的光学传感器，以像素强度的形式提供丰富的语义信息（包括形状和纹理属性），实现对车道线、车辆、交通标志物等的检测识别任务。而相机最大的缺点在于缺少深度信息，这导致其无法精确地估计物体的位置及尺寸。激光雷达传感器通过发射激光脉冲，测量障碍物在给定方向上的距离，生成包含三维信息和反射率的点云（Point Cloud）。但激光雷达传感器受分辨率的限制，点云的稀疏性与无序性为特征提取带来了困难。因此，本节所介绍的采用相机-激光雷达融合的方法为克服各传感器的缺陷提供了可能性，确保自动驾驶汽车能够在动态环境下进行准确的三维感知。

单目相机选用深圳森云智能科技有限公司的 SG2-IMX390C-5200（如图 2.3 所示），采用高动态车规图像传感器（索尼 2.12MP），配合主流串行传输芯片进行图像的采集。其主要参数如表 2.1 所示，相机的靶面尺寸为 1/2.7 英寸❶，像元尺寸为 3μm，采集帧率最高为 30fps，分辨率约为 210 万（1920H×1080V），镜头的有效焦距为 4mm。该相机耗能小（5～16V），结构紧凑，搭配数据采集模组，可支持 USB3.0 接口、UVC 协议以及 Windows 和 Linux 驱动。如图 2.4 所示，相机安装在激光雷达下方，车辆行驶或标定过程中，两个传感器可平稳移动（相对于地面），同步采集数据。

❶　1 英寸约 2.54 厘米。

表 2.1　相机主要参数

参数	值
靶面尺寸	1/2.7 英寸 CMOS
像元尺寸	$3\mu m$
帧率	30fps
分辨率	1920H×1080V
有效焦距	4mm
电源	5～16V

图 2.3　单目相机实物图

图 2.4　相机的安装位置图

激光雷达传感器选用深圳市镭神智能系统有限公司研制的 32 线混合固态激光雷达 C32（如图 2.5 所示）。32 线激光雷达具有 32 对激光发射接收模组，电机以 5Hz 转速驱动进行 360°扫描以完成环境点云的采集。其规格参数如表 2.2 所示，激光雷达采用脉冲式的测距方式，测量范围最近/远为 100m/200m，测量精度为±3cm，其垂直视场角范围为 −16°～+15°，相应的垂直分辨率为 1°，其水平视场角为 360°，相应的水平分辨率为 0.09°，扫描速度为 5/10/20Hz 可选，使用以太网的通信接口。激光雷达采用飞行时间测量法（Time of Flight，ToF），根据激光脉冲开始时间与返回时间差计算物体与自车的距离。

(a) 激光雷达实物图

(b) 激光雷达点云图

图 2.5　激光雷达传感器介绍

表 2.2　激光雷达主要规格参数

测距方式	脉冲式
激光通道	32 路
测量范围	100～200m

测量精度		$\pm 3cm$
视场角	垂直	$-16°\sim+15°$
	水平	$360°$
角度分辨率	垂直	$1°$
	水平	$5Hz:0.09°$
扫描速度		$5Hz$、$10Hz$、$20Hz$
通信接口		以太网

2.2 单目相机标定

相机将三维世界映射到二维成像平面上，图像中的二维像素点与现实世界空间中对应三维点之间的关系可由相机成像的几何模型来描述，此几何模型的参数即为相机参数。相机的标定过程即通过实验和计算求解模型（相机）参数，以完成相机坐标系到图像坐标系的转换。

2.2.1 相机成像模型

相机成像过程中的建模主要分为四个阶段：自车坐标系到相机坐标系的转换、相机坐标系到图像坐标系的转换（线性成像模型）、图像坐标系到像素坐标系的转换和相机去畸变（非线性成像模型）。本节围绕图 2.6 中的坐标系，定量地描述相机透视成像过程。

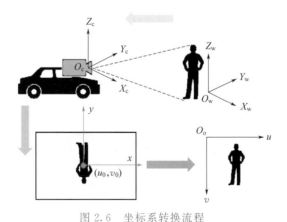

图 2.6　坐标系转换流程

（1）自车坐标系到相机坐标系的转换

图 2.7 为相机小孔成像模型，三维中一点 $(X，Y，Z)$ 经过相机光心 O，

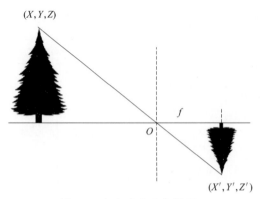

(X, Y, Z)

f

O

(X′, Y′, Z′)

图 2.7　相机小孔成像模型

结合相机固有焦距 f 生成相对应的点（X'，Y'，Z'）。在小孔成像模型中，首先进行的是自车坐标系到相机坐标系的转换，如图 2.6 所示，空间中相对于自车的目标三维坐标（X_w，Y_w，Z_w），可通过式(2-1)、式(2-2) 和式(2-3) 转换至相机坐标系下并得到点（X_c，Y_c，Z_c）。其中，3×1 平移向量 $\boldsymbol{T}$ 是自车坐标系的原点 O_w 在相机坐标系中的坐标，3×3 正交旋转矩阵 $\boldsymbol{R}$ 是自车坐标系相对于相机坐标系的旋转向量，（R_{11}，R_{12}，R_{13}，$\cdots$，R_{33}）表示旋转角（A_X，A_Y，A_Z）的三角函数组合，（A_X，A_Y，A_Z）为坐标转换过程中分别绕三坐标轴旋转的欧拉角（翻滚角、俯仰角、偏航角）。

$$\left[X_c\,Y_c\,Z_c\,1\right]^{\mathrm{T}} = \begin{bmatrix} \boldsymbol{R} & \boldsymbol{T} \\ \boldsymbol{0} & \boldsymbol{1} \end{bmatrix} \left[X_w\,Y_w\,Z_w\right]^{\mathrm{T}} \tag{2-1}$$

$$\boldsymbol{R} = \begin{bmatrix} R_1 \\ R_2 \\ R_3 \end{bmatrix} = \begin{bmatrix} R_{11} & R_{12} & R_{13} \\ R_{21} & R_{22} & R_{23} \\ R_{31} & R_{32} & R_{33} \end{bmatrix} \tag{2-2}$$

$$\boldsymbol{T} = \boldsymbol{O}_w - \boldsymbol{O}_c = \begin{bmatrix} T_1 \\ T_2 \\ T_3 \end{bmatrix} \tag{2-3}$$

（2）相机坐标系到图像坐标系的转换

目标点在相机坐标系下的坐标（X_c，Y_c，Z_c）与光轴中心点 O_c 的连线和图像平面相交于一点（x，y），即图像坐标系下的成像点。根据相似三角形关系，可以得出目标点（X_c，Y_c，Z_c）与成像点（x，y）的坐标转换关系，如式(2-4) 所示，其中 f 表示相机焦距，即图像平面与相机坐标系（X_c，Y_c）平面的垂直距离。更进一步地，将式(2-4) 利用齐次坐标表示，如式(2-5) 所示。

$$\begin{cases} x = f\dfrac{X_c}{Z_c} \\[2mm] y = f\dfrac{Y_c}{Z_c} \end{cases} \tag{2-4}$$

$$Z_c \begin{bmatrix} x \\ y \\ 1 \end{bmatrix} = \begin{bmatrix} f & 0 & 0 & 0 \\ 0 & f & 0 & 0 \\ 0 & 0 & 1 & 0 \end{bmatrix} \begin{bmatrix} X_c \\ Y_c \\ Z_c \\ 1 \end{bmatrix} \tag{2-5}$$

（3）图像坐标系到像素坐标系的转换

成像点在图像坐标系的坐标 (x,y) 是其二维物理位置，在像素坐标系下对应坐标为 (u,v)，两者的关系如式（2-6）所示。其中，像素坐标系的原点位于图像左上顶角，图像坐标系原点位于像素坐标系的中心 (u_0,v_0) 处。如式（2-6）中 d_x 和 d_y 分别表示单位像素在 x 轴和 y 轴方向上的物理长度（像元尺寸）。进一步将式（2-6）转换为对应的齐次坐标形式［式（2-7）］，结合式（2-1）、式（2-5）和式（2-7），得到自车坐标系到像素坐标系的转换关系，即式（2-8）。

$$\begin{cases} u = \dfrac{x}{d_x} + u_0 \\ v = \dfrac{y}{d_y} + v_0 \end{cases} \tag{2-6}$$

$$\begin{bmatrix} u \\ v \\ 1 \end{bmatrix} = \begin{bmatrix} \dfrac{1}{d_x} & 0 & u_0 \\ 0 & \dfrac{1}{d_y} & v_0 \\ 0 & 0 & 1 \end{bmatrix} \begin{bmatrix} x \\ y \\ 1 \end{bmatrix} \tag{2-7}$$

$$Z_c \begin{bmatrix} u \\ v \\ 1 \end{bmatrix} = \begin{bmatrix} \dfrac{f}{d_x} & 0 & u_0 & 0 \\ 0 & \dfrac{f}{d_y} & v_0 & 0 \\ 0 & 0 & 1 & 0 \end{bmatrix} \begin{bmatrix} \boldsymbol{R} & \boldsymbol{T} \\ \boldsymbol{0}^T & 1 \end{bmatrix} \begin{bmatrix} X_w \\ Y_w \\ Z_w \\ 1 \end{bmatrix} = \boldsymbol{K}_{int}\boldsymbol{K}_{ext} \begin{bmatrix} X_w \\ Y_w \\ Z_w \\ 1 \end{bmatrix} = \boldsymbol{K}P_w \tag{2-8}$$

在式（2-8）中，焦距 f、像元尺寸 (d_x,d_y)、原点 (u_0,v_0) 只与相机内部结构有关，$\boldsymbol{K}_{int}$ 为相机内部参数矩阵；旋转矩阵和平移向量由相机在相机坐标系中的位姿决定，$\boldsymbol{K}_{ext}$ 为相机外部参数矩阵。$\boldsymbol{K}_{int}$ 和 $\boldsymbol{K}_{ext}$ 共同组成投影映射矩阵 $\boldsymbol{K}$，求解 $\boldsymbol{K}$ 的过程即为相机标定；P_w 为三维空间中相对于自车目标的三维齐次坐标。

（4）相机去畸变

相机在成像过程中存在的畸变主要包括径向畸变和切向畸变两种类型。径向畸变产生原因在于透镜自身形状难以保证完全规则，对光线的传播造成影响。切向畸变是由于机械组件在安装时，无法保证透镜与成像平面的完全平行。校正前后的关系可用式（2-9）表示。

$$\begin{cases} x_{distorted} = x(1 + k_1 r^2 + k_2 r^4 + k_3 r^6) + 2p_1 xy + p_2(r^2 + 2x^2) \\ y_{distorted} = y(1 + k_1 r^2 + k_2 r^4 + k_3 r^6) + 2p_2 xy + p_1(r^2 + 2y^2) \end{cases} \tag{2-9}$$

其中，归一化平面 $(x,y) = (x_c/z_c, y_c/z_c)$，$(x_c, y_c, z_c)$ 表示相机平面，k_1

和 k_2 为径向畸变系数，p_1 和 p_2 为切向畸变系数，$r=\sqrt{x^2+y^2}$ 为像素点到像面中心的距离。在实际自动驾驶中，对相机的成像误差不做苛刻要求，一般控制在厘米级别，则相机的畸变校正通常只考虑一阶径向畸变。

2.2.2 相机内参标定

目前相机标定方法已较为成熟，考虑标定精度与操作难度，本节采用张正友标定法进行相机的内参标定。张正友标定法利用相机拍摄不同位姿下的棋盘格靶标图像，首先提取图像中的角点，然后联合图像的单应性矩阵求解相机参数，最后用最小二乘法对畸变系数进行估计，通过极大似然法进一步优化。

相机标定模型如图 2.8 所示，棋盘格靶标位于自车坐标系 $O_{ego}-X_{ego}Y_{ego}$ 平面（此时 $Z_{ego}=0$），靶标上的角点 M 根据小孔成像原理投影至相机成像平面上（对应像素点 m），该建模过程如式(2-10)所示：

$$Z_c\begin{bmatrix}u\\v\\1\end{bmatrix}=\boldsymbol{K}_{int}\boldsymbol{K}_{ext}\begin{bmatrix}X\\Y\\0\\1\end{bmatrix}=\begin{bmatrix}\alpha&\gamma&u_0\\0&\beta&v_0\\0&0&1\end{bmatrix}\begin{bmatrix}\boldsymbol{r}_1&\boldsymbol{r}_2&\boldsymbol{t}\end{bmatrix}\begin{bmatrix}X\\Y\\1\end{bmatrix}\qquad(2\text{-}10)$$

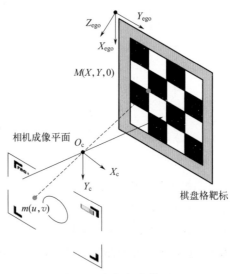

图 2.8 相机标定模型

即自车坐标系下的 $M(X,Y,0)$ 经外参矩阵 $\boldsymbol{K}_{ext}$ 转换到相机坐标系下，再通过内参矩阵 $\boldsymbol{K}_{int}$ 转换为像素坐标系下的 $m(u,v)$。其中 (u_0,v_0) 表示图像中心点坐标，α 和 β 分别表示图像在 u 轴（水平）、v 轴（垂直）的比例因子，γ 表示图像两坐标轴之间的非垂直度。

进一步将相机的内参标定转化为非线性优化问题，引入单应性矩阵 $\boldsymbol{H}=[\boldsymbol{h}_1,\boldsymbol{h}_2,\boldsymbol{h}_3]$，设 $[\boldsymbol{h}_1,\boldsymbol{h}_2,\boldsymbol{h}_3]=\lambda\boldsymbol{K}_{int}\boldsymbol{K}_{ext}$，$\lambda$ 为任一标量，则可求解出正交旋转矩阵 $\boldsymbol{R}=[\boldsymbol{r}_1,\boldsymbol{r}_2]$，如式(2-11) 和式(2-12)所示。

$$\begin{bmatrix} \boldsymbol{h}_1 & \boldsymbol{h}_2 & \boldsymbol{h}_3 \end{bmatrix} = \lambda \boldsymbol{K}_{\text{int}} \begin{bmatrix} \boldsymbol{r}_1 & \boldsymbol{r}_2 & \boldsymbol{t} \end{bmatrix} \tag{2-11}$$

$$\begin{cases} \boldsymbol{r}_1 = \dfrac{1}{\lambda} \boldsymbol{K}_{\text{int}}^{-1} \boldsymbol{h}_1 \\[2mm] \boldsymbol{r}_2 = \dfrac{1}{\lambda} \boldsymbol{K}_{\text{int}}^{-1} \boldsymbol{h}_2 \end{cases} \tag{2-12}$$

$$\begin{cases} \boldsymbol{h}_1^{\text{T}} \boldsymbol{K}_{\text{int}}^{-\text{T}} \boldsymbol{K}_{\text{int}}^{-1} \boldsymbol{h}_2 = 0 \\[2mm] \boldsymbol{h}_1^{\text{T}} \boldsymbol{K}_{\text{int}}^{-\text{T}} \boldsymbol{K}_{\text{int}}^{-1} \boldsymbol{h}_1 = \boldsymbol{h}_2^{\text{T}} \boldsymbol{K}_{\text{int}}^{-\text{T}} \boldsymbol{K}_{\text{int}}^{-1} \boldsymbol{h}_2 \end{cases} \tag{2-13}$$

根据旋转矩阵 $\boldsymbol{R}$ 的性质，可得 $\boldsymbol{r}_1^{\text{T}} \boldsymbol{r}_2 = 0$，$\|\boldsymbol{r}_1\| = \|\boldsymbol{r}_2\| = 1$，则每幅图像（不同位姿的棋盘格靶标）皆可获得两个内参矩阵的基本约束方程［如式(2-13)所示］。当标定图像数目≥3，根据对应的 M 和 m 所构建的约束方程（≥6）即可计算出 $\boldsymbol{K}_{\text{int}}$ 的唯一线性解。

本节基于 Python 开发环境，采用 OpenCV 视觉工具包对车载相机 SG2-IMX390C-5200 进行标定，具体过程如下：

① 制作棋盘格标定板。棋盘格靶标采用 PVC 雪弗板材质，其硬度较高且对于激光的反射率较高。棋盘长、宽分别为 1189mm、841mm，黑白方格按 9 行 7 列穿插排列，每个方格尺寸均为 108mm×108mm。

② 标定图像数据采集。固定相机位置，通过调整标定板位姿拍摄一组不同距离（最近、最远）、不同角度（左旋、右旋）、不同方位（左、右、中间）的标定图像。标定图像如图 2.9 所示，理论上 3 张图像即可求解相机内参，但考虑到误差分布、信噪比与标定精度，通常会准备至少 15 张不同方位、不同角度的图像用于内参的计算。

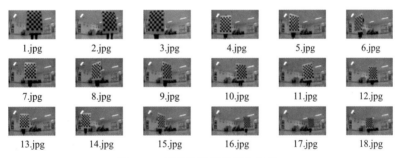

图 2.9　不同位姿下的标定图像

③ 棋盘格角点提取。基于 Python 中的 OpenCV 工具包进行角点提取，采用 cv2.findChessboardCorners()函数确定输入图像是否具有棋盘图案，并定位棋盘的内角点。该函数参数包括输入图像、棋盘尺寸、角点数组。为提升运行速率，将 RGB 输入图像转换为单通道的灰度图像；棋盘尺寸由每一列和每一行的内角数确定，其宽度 W 为每一行黑、白方块的数量，长度 H 为每一列黑、白方块的数量，对应本节 $W : H = 6 : 8$；角点数组初始化为空列表，用于存储角点的输出数组。更进一步地，本节使用 cv2.cornerSubPix() 函数执行亚像素级别的角点优化，提升检测角点的精度以满足实际需求。角点检测的可视化结果如图 2.10 所示，其中彩色点为角点，并利用虚线相连。

图 2.10　角点检测的可视化结果

④ 相机内参求解。本节将所采集的标定图像划分为不同数量的样本子集，并结合角点信息求解相机内参矩阵。内参的求解使用 OpenCV 工具包中的 cv2.calibrateCamera()函数，该函数将角点数组、图像尺寸、三维坐标向量作为输入，输出相机的内、外参矩阵和畸变系数。将转换后的点重投影至棋盘格中，并与角点进行比较，验证误差均值，如图 2.11 所示，多组图像样本的总体平均误差为 0.03210，其误差小于 1 个像素满足系统实际应用需求，本节选取误差最小的一组（图片数量为 45 时）的内参矩阵和畸变系数作为最终的标定结果，如表 2.3 所示。

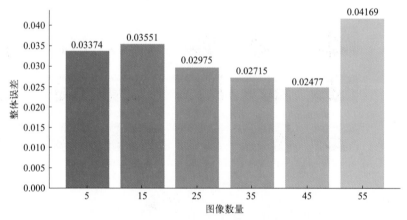

图 2.11　相机内参标定误差分析图

表 2.3　相机内参标定结果

内部参数	标定结果
焦距	$f_x/d_x = 1340.3, f_y/d_y = 1341.4$
主点	$u_0 = 949.8, v_0 = 547.4$
径向畸变	$w_1 = -0.456, w_2 = 0.290$
切向畸变	$p_1 = -0.0027, p_2 = -0.0131$

⑤ 相机去畸变。本节采用 OpenCV 工具包中的 getOptimalNewCamera-Matrix( ) 函数优化内参矩阵及畸变系数，设置该函数中的自由比例因子 $alpha=0$，获得新的内参矩阵、畸变系数以及感兴趣区域（Region of Interest，RoI）。利用 cv2. initUndistortRectifyMap( ) 函数对优化后的畸变系数进行重投影与线性插值，再结合 RoI 对校正后的图像进行裁剪。如图 2.12 为图像去畸变前后的对比。

(a) 原图像　　　　　　　　　　　　　　(b) 去畸变后图像

图 2.12　图像去畸变前后对比

2.3　相机和激光雷达联合标定

激光雷达通过发射周期性的激光脉冲，对接收信号进行放大处理和数模转换，以点云的形式表征目标表面形态、物理属性等特性。激光雷达与相机的联合标定体现在点云与对应像素之间的对齐、匹配。其中，相机坐标系、激光雷达坐标系之间的相对位置关系如图 2.13 所示。

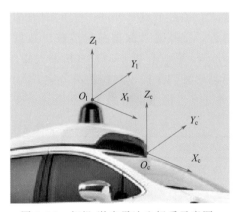

图 2.13　相机-激光雷达坐标系示意图

2.3.1　相机坐标系和激光雷达坐标系的转换模型

当激光雷达和相机安装在车辆上之后，激光雷达坐标系与相机坐标系的位置关系就已确定，如图 2.13 所示。设激光雷达坐标系与相机坐标系在三维世界 Y 轴、Z 轴方向上的距离分别为 Y_{lc}、Z_{lc}，可根据式（2-14）和式（2-15）进行两个坐标的转换。

$$\begin{cases} X_c = X_l \\ Y_c = -Y_{lc} \\ Z_c = Z_l + Z_{lc} \end{cases} \tag{2-14}$$

$$\begin{bmatrix} X_c \\ Y_c \\ Z_c \\ 1 \end{bmatrix} = \begin{bmatrix} 1 & 0 & 0 & 0 \\ 0 & 1 & 0 & 0 \\ 0 & 0 & 0 & 0 \\ 0 & 0 & 0 & 0 \end{bmatrix} \begin{bmatrix} X_l \\ Y_l \\ 1 \\ 1 \end{bmatrix} + \begin{bmatrix} 0 \\ Y_{lc} \\ -Z_{lc} \\ 1 \end{bmatrix} \tag{2-15}$$

结合两式即可完成从激光雷达坐标系到相机坐标系的转换，保证二者所采集数据的一致性，在统一的坐标系下表征 RGB 图像与激光雷达点云，实现多模态传感器数据的相互关联与空间同步。

2.3.2　外参的联合标定

基于本章所搭建的感知系统进行激光雷达与相机的外参标定，其传感器安装位置由固定台架确定，激光雷达中轴线与相机光心轴线平行，相机位于激光雷达下方并距离地面 1.3m，利用水平仪微调传感器的水平度，所使用的棋盘格平面靶标与相机内参标定一致。

软件层面，本章的运行环境如表 2.4 所示，在 Ubuntu 18.04 下编译 ROS（Robot Operating System）平台和 Autoware 工具。ROS 是一个开源的机器人操作系统，它提供了一系列的工具、库和约定，用于构建机器人软件，其采用分布式计算的模式，通过节点（Node）之间的通信实现模块化的设计。每个节点都可以独立运行，接收输入数据并生成输出数据，多个节点可以同时运行并相互通信。Autoware 是一个基于 ROS（机器人操作系统）的开源自动驾驶软件平台，旨在为自动驾驶汽车提供软件解决方案。Autoware 的开发由日本的 Tier IV 公司领导，为开发者提供丰富的工具和算法，支持多种传感器数据融合（包

表 2.4　联合标定实验软件运行环境

软、硬件配置	版本型号
处理器	8 核 ARM v8 64 位 CPU
内存	32GB
显卡	NVIDIA GeForce RTX 3070
操作系统	Ubuntu 18.04 64bit
Python	3.7.11
OpenCV	OpenCV 4.7.0（2022.12）
CUDA/CUDNN	CUDA 11.1/CUDNN v8.5
标定软件	Autoware.auto v1.9

括激光雷达、摄像头、GPS等），能够准确计算出相机坐标系到激光雷达坐标系的外参矩阵。

为实现图像和点云数据的接收、采集，需在计算平台基于 ROS 驱动相机、激光雷达传感器。其中，相机采用 USB3.0 接口，基于 Ubuntu 18.04 开源软件 guvcview 进行相机的调试，如图 2.14 所示为相机上位机可视化界面。镭神 C32 激光雷达采用网口通信，如图 2.15 所示，调节激光雷达 IPv4 为手动分配 IP 地址，并重新设置 IP 地址、掩码与网管，以避免与计算机初始 IP 端口相同，驱动使用厂商提供的 launch 文件。

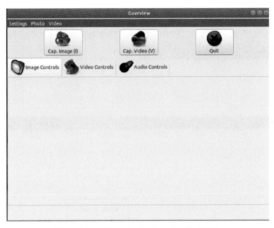

图 2.14 相机上位机可视化界面

图 2.15 激光雷达网口设置

在完成传感器驱动安装后，进行数据的可视化及采集，本节采用 ROS 平台的三维可视化工具 Rviz 来观察、监督、协助数据的采集。如图 2.16 所示，各传感器均正常工作，相机图像显示在左下角，右侧为周围环境的 360°点云。更进一步地，使用 ROS 平台中的 rqt_graph 功能查看当前系统 ROS 程序运行情况，如图 2.17 所示，可以看出此时存在激光雷达和相机两个主节点，激光雷达和相机分别发布 lslidar_point_cloud 和 image_view 两个话题，表明各传感器正确与 ROS 平台建立联系。

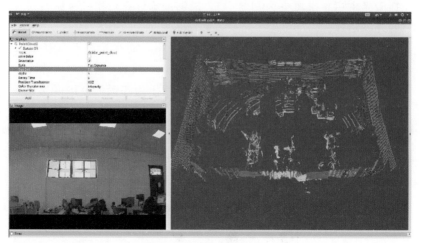

图 2.16　Rviz 可视化界面

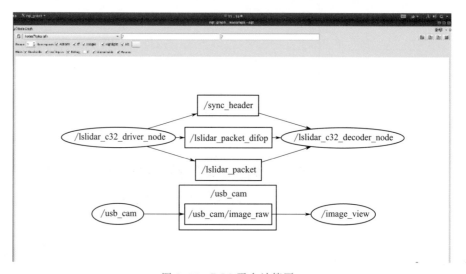

图 2.17　ROS 平台计算图

联合标定过程中数据采集也称数据录制，利用 ROS 平台中的 Rosbag 功能记录当前传感器所发表的话题（数据流）。在录制过程中，需多次改变棋盘格靶标的位置、姿态，如图 2.18 中圆圈内的点云所示，手持棋盘格靶标分别进行左上、左下、中上、中下、右上、右下 6 个位姿的变化，远近距离同理。为精确校准，本节录制了 4 个数据包（共 20GB，如图 2.19 所示），其中每个数据包时长 10min，共包含 15000 帧图像和点云。在完成数据录制后，利用 ROS 中的数据播放工具（Rosbag Play）进行激光雷达和相机的同步数据流回放，如图 2.20 所示。

将数据包导入 Autoware 标定工具包，如图 2.21 所示，交互界面会动态显示同一时刻拍摄/扫描的 RGB 图像和点云数据。通过暂停关键帧，Autoware 会自动检测当前图像的角点（以高亮彩色显示），此时需要手工执行抓取（Grab）指令对棋盘点云进行提取、匹配特征对应点。抓取过程需首先调整点云大小、

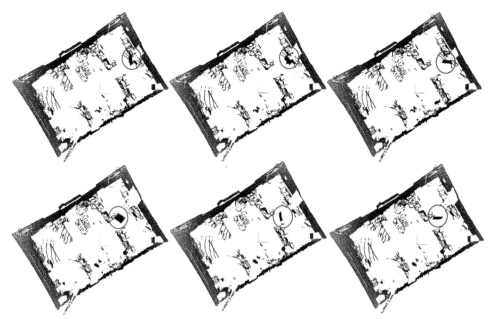

图 2.18　棋盘格靶标部分位姿示意图

图 2.19　所录制的数据包

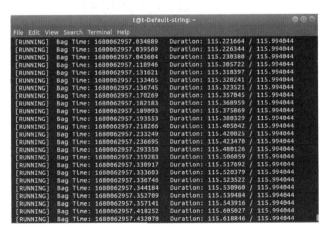

图 2.20　数据包播放

视角、颜色，然后寻找对应棋盘格靶标的点云，最后点击中心点云以抓取整个棋盘格区域，保证圆心与棋盘格中心点一致。图 2.21 中放大了棋盘格抓取后的情况，其中红色点云表示抓取点，参与相机-激光雷达外参矩阵的计算。

图 2.21　Autoware 工作界面

　　手动抓取点云棋盘信息完毕后，Autoware 标定工具包内嵌算法会自动推算出棋盘格姿态和角点位置坐标，利用标定功能（Calibrate）将点云坐标代入内嵌的平面靶联合模型的目标函数中，可求解出相机与激光雷达的几何位置关系，如图 2.22 所示。标定后的模型外参矩阵如表 2.5 所示，包括多传感器之间的旋转矩阵 **R** 和平移向量 **T**，两者构成了外参矩阵以供后续融合模块使用。

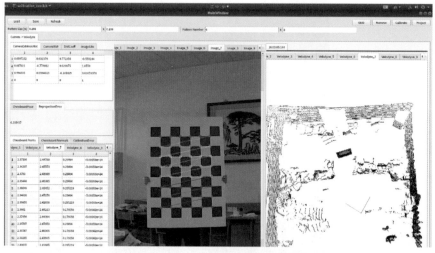

图 2.22　Autoware 联合标定外参矩阵

表 2.5　联合标定结果

外部参数		标定结果
相机-激光雷达联合外参标定	旋转矩阵 $\boldsymbol{R}$	$\begin{bmatrix} 0.0597 & 0.6323 & 0.7723 \\ 0.0879 & -0.7740 & 0.6297 \\ 0.9943 & 0.0304 & -0.1018 \end{bmatrix}$
	平移向量 $\boldsymbol{T}$	$\begin{bmatrix} -0.5502 & 1.0559 & 0.0065 \end{bmatrix}$
	重投影误差	0.23 个像素

本章小结

　　本章针对相机和激光雷达的标定方法进行了介绍，为多模态传感器融合和三维环境感知提供基础。首先介绍了感知系统的框架、工作流程和传感器的组成。其次针对单目相机进行内参标定，分析了相机小孔成像原理以及非线性成像模型，基于张正友标定法，利用 Python 和 OpenCV 软件求解出相机的内参矩阵与畸变系数。然后，在感知系统平台上进行相机和激光雷达联合外参标定，利用 ROS 和 Autoware 工具包解算出相机与激光雷达的外部参数及重投影误差。最后，得到相机和激光雷达联合标定所需的内参和外参矩阵，对多模态传感器的融合、配准具有指导作用。

第
3
章

基于单目视觉的
环境感知技术

本章以 YOLOX 目标检测算法为基线，研究 Transformer 作为其主干进行目标检测的性能。Swin Transformer 的注意力机制建模效果不佳、提取特征效果差，YOLOX 聚合多尺度特征效果差，针对上述问题，本章主要进行如下研究：①提出一种基于重要区域的重建可变形自注意力机制，将注意力转移到重要区域，该区域被分配更多的局部密集注意力，进而对其中的目标进行全局建模，提高远距离的关系建模能力与效率；②构建一种新的主干，提高特征提取能力和速度；③引入 BiPAFPN 作为 YOLOX 的特征聚合网络，它为输入的多尺度特征设置不同的权重，突出重要特征的贡献。

3.1　深度学习理论及相关方法介绍

深度学习已经被广泛应用于计算机视觉领域，如目标检测、分类、实例分割、语义分割等多个任务。视觉 Transformer 的兴起开启了目标检测等计算机视觉任务的新范式。本章的研究重点是利用 Transformer 算法实现目标检测以及目标分类、实例分割、语义分割等多任务。本节对相关研究所涉及的深度学习理论基础进行详细介绍，包含注意力机制以及 Transformer。

3.1.1　注意力机制

人类视觉特有的注意力机制帮助人类从海量信息中快速筛选出更有价值的信息，将有限的注意力资源投入到需要重点关注的目标区域，极大提高了视觉信息处理的效率与准确性。深度学习中的注意力机制（Attention Mechanism）模仿了人类视觉的内部过程，通过引入一种基于输入的重要性指标来提高模型的性能，使模型在处理数据时更加关注重要信息以及重点区域，抑制无关信息。

3.1.2　注意力机制的计算

本节用 x 表示输入矩阵，$key(k)$ 表示键，$value(v)$ 表示值，$query(q)$ 表示查询，key、$value$、$query$ 分别通过线性变换矩阵 W_{key}、W_{value}、W_{query} 计算得到，具体计算公式如式(3-1)，图 3.1 是其计算示意图。

$$\begin{cases} x \times W_{key} = key \\ x \times W_{value} = value \\ x \times W_{query} = query \end{cases} \tag{3-1}$$

注意力机制的计算过程如式(3-2)所示。key 和 $value$ 都是 Source 中的元素，$query$ 是 Target 中的元素。注意力机制的计算可分为三个阶段：

第一阶段，计算 $query$ 与每一个 key 的相似性得到 key 对应的权重 A_i；

第二阶段，利用 softmax 对权重进行归一化得到 $value$ 的权重系数 C_i；

第三阶段，对 $value$ 进行加权求和得到最终的注意力值（Attention Value）。

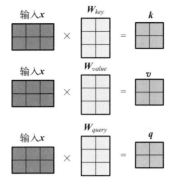

图 3.1 *key*、*value*、*query* 的计算示意图

注意力机制发生在 Target 元素和 Source 的所有元素之间。注意力机制的详细计算过程如图 3.2 所示。

$$A_i = \text{similarity}(\boldsymbol{key}_i, \boldsymbol{query})$$

$$C_i = \text{softmax}[\text{similarity}(\boldsymbol{key}_i, \boldsymbol{query})]$$

$$\text{Attention Value} = \sum_{i=1}^{I} \text{softmax}[\text{similarity}(\boldsymbol{key}_i, \boldsymbol{query})] \times \boldsymbol{value}$$

(3-2)

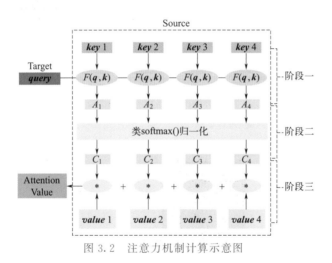

图 3.2 注意力机制计算示意图

3.1.3 自注意力机制

自注意力机制（Self-Attention Mechanism）指的不是 Target 和 Source 之间发生的注意力机制，而是 Source 内部元素之间或者 Target 内部元素之间发生的注意力机制，也可以理解为 Target=Source 这种特殊情况下的注意力机制，相当于 *query*=*key*=*value*，所以自注意力机制又称为内部注意力机制。这里以计算图像中图像补丁之间的自注意力机制为例将其具体化，计算公式如下：

$$\text{Attention}(\boldsymbol{q}, \boldsymbol{k}, \boldsymbol{v}) = \text{softmax}\left(\frac{\boldsymbol{q}\boldsymbol{k}^{\text{T}}}{\sqrt{d_k}}\right)\boldsymbol{v} \quad\quad\quad (3\text{-}3)$$

首先计算矩阵 $\boldsymbol{q}$ 和 $\boldsymbol{k}$ 每一行向量的内积。常用的注意力函数是加性注意力函数以及点积注意力函数。理论上，二者复杂度相当，但加性注意力函数使用基于单个隐藏层的前馈网络计算相似性函数，而点积注意力函数基于高度优化的矩阵乘法实现，在实践中更快且具有更大的空间有效性，因此本节使用点积注意力函数。将点积除以 d_k 的平方根以防止内积过大。对于较大的 d_k 值，点积的幅度会变大，使 softmax 函数梯度过小，为抵消这种影响，将点积缩放为原来的 $\dfrac{1}{\sqrt{d_k}}$。

如图 3.3 所示，$\boldsymbol{q}$ 乘以 $\boldsymbol{k}$ 的转置后，得到行列数都是 4 的矩阵 $\boldsymbol{q}\boldsymbol{k}^{\text{T}}$，4 为图像补丁数，这个矩阵表示图像补丁之间的注意力权重，1、2、3、4 表示图像补丁。

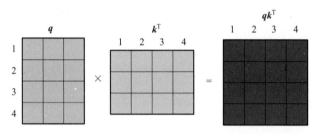

图 3.3　内积计算示意图

得到 $\boldsymbol{q}\boldsymbol{k}^{\text{T}}$ 后，使用 softmax 计算每一个图像补丁对于其他图像补丁的注意力权重系数，公式中的 softmax 是对矩阵的每一行进行归一化，即每一行的和都变为 1，如图 3.4 所示。

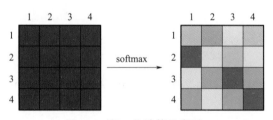

图 3.4　归一化计算示意图

得到 softmax 矩阵之后和 $\boldsymbol{v}$ 相乘，就得到最终的输出 $\boldsymbol{z}$，如图 3.5 所示。

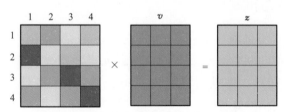

图 3.5　自注意力机制输出计算示意图

图 3.5 中 softmax 矩阵的第 1 行表示图像补丁 1 与其他所有图像补丁的注意

力权重系数，最终图像补丁 1 的输出 z_1 由每个图像补丁的值 v_i 乘以注意力权重系数后累加得到，如图 3.6 所示。

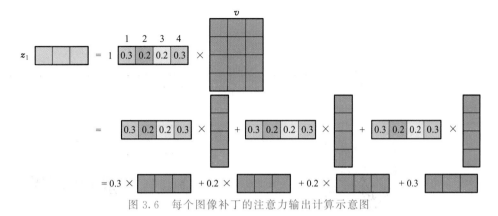

图 3.6　每个图像补丁的注意力输出计算示意图

自注意力机制是一种计算输入序列中每个元素与其他元素之间相互作用的方法，可以捕获特征内部的相关性，减少了网络对外部信息的依赖。

3.2　Vision Transformer

2020 年，Alexey 等开创性地将 Language Transformer 应用在视觉领域，提出了 Vision Transformer（ViT）。ViT 使用了基于编码器（Encoder）形式的 Transformer，由层归一化（Layer Normalization，LNorm）、多头注意力机制（Multi-Head Attention）以及多层感知机（Multi-Layer Perceptron，MLP）组成，如图 3.7 所示。下面详细介绍 ViT 的组件以及工作原理，如图 3.8 所示。

① 图像补丁。Language Transformer 处理的是一维序列化的语言信息，而计算机视觉处理的是具有高、宽以及通道数的三维图像信息，Vision Transformer 的工作原理与 Language Transformer 相同，需要将三维图像信息转化为序列化信息。输入图像 $x \in \mathbb{R}^{H \times W \times C}$ 被均匀地分成二维的图像补丁（patch） $x_p \in \mathbb{R}^{N \times (P^2 \cdot C)}$，$(H, W)$ 是原始图像的分辨率，C 是通道数，(P, P) 是补丁的分辨率，$N = HW/P^2$ 是补丁的数量，表示 Transformer 的有效输入序列长度。这些二维的图像补丁按照一定的顺序铺平展开成图像序列，Transformer Encoder 接收这些序列化的图像补丁作为输入。Transformer 在其所有层中使用大小恒定的向量 D，因此，将图像

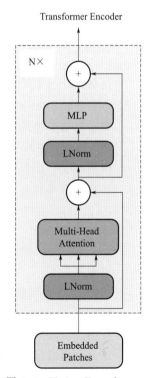

图 3.7　Vision Transformer
结构示意图

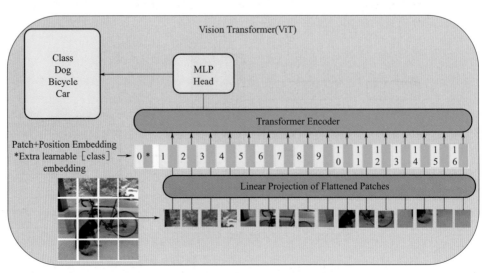

图 3.8　Vision Transformer 的工作原理图

补丁线性投影到 D 维，这些投影输出称为补丁嵌入（Patch Embedding）。

② 位置编码。由于图像补丁是无序的，因此和 Language Transformer 的原理一样，需要将图像补丁序列进行编码，以确定其相对或绝对位置，如图 3.8 所示。本节使用位置嵌入（Position Embedding）编码图像补丁的位置信息。位置嵌入具有与补丁嵌入相同的维度，将补丁嵌入与位置嵌入一起作为 Vision Transformer 的输入。

③ 层归一化。层归一化（Layer Normalization，LNorm）是一种常用的正则化方法，可以加速卷积神经网络的训练并提高其泛化能力。在卷积神经网络中，每一层的输入都是由上一层的输出经过一系列的线性和非线性变换得到的，这些变换通常是由多个参数组成的线性函数，因此它们的输出分布具有较大的方差和较小的均值，这种不稳定的分布造成模型训练困难。层归一化的主要思想是在每个神经网络输入样本的特征维度上进行归一化，将输入特征转化为均值为 0、方差为 1 的数据，使网络层的输出相对输入的大小、均值和方差的变化保持不变，让各层的输入分布更加稳定。具体地，给定当前层的输入 x，层归一化的计算如下：

$$\text{LNorm}(\boldsymbol{x}) = \gamma \odot \frac{\boldsymbol{x} - \boldsymbol{\mu}}{\boldsymbol{\sigma}} + \beta \tag{3-4}$$

式中，γ 和 β 分别是可学习的缩放因子和偏移量；$\boldsymbol{\mu}$ 和 $\boldsymbol{\sigma}$ 分别是当前层的均值和方差。

④ 多头注意力机制。多头注意力机制（Multi-Head Attention Mechanism，MSA）是一种扩展的自注意力机制，它将自注意力机制应用于多个子空间，并且通过拼接这些子空间的结果获得输出向量。这种算法可以使模型更好地处理不同类型的信息，提高模型的性能。图 3.9 是多头自注意力机制结构示意图，包含多个自注意力层。

首先将输入特征 x 分别传至 h 个不同的注意力层中，计算得到 h 个输出矩

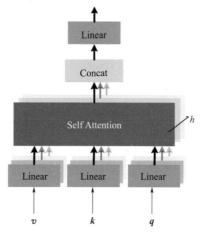

图 3.9　多头自注意力机制结构示意图

阵。图 3.10 是 $h=3$ 时的多头自注意力机制的计算示意图，此时会得到 3 个输出矩阵 z_1、z_2、z_3。

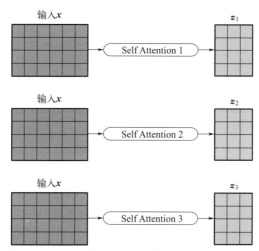

图 3.10　$h=3$ 时的多头自注意力机制计算示意图

将 3 个输出拼接（Concat）在一起，然后经过线性变换（Linear），得到多头自注意力机制的最终输出 z，其计算如式(3-5)所示，具体实现过程如图 3.11 所示。

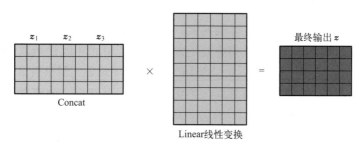

图 3.11　多头自注意力机制最终输出计算示意图

$$\text{MultiHead}(\boldsymbol{q},\boldsymbol{k},\boldsymbol{v})=\text{Concat}(\text{head}_1,\cdots,\text{head}_h) \tag{3-5}$$

⑤ 残差连接。在 ResNet 提出之前，所有的神经网络都通过卷积层、池化层以及其他层的叠加组成，随着层数的叠加，误差信号的多层反向传播容易引发"梯度弥散"（梯度过小使回传的训练误差信号极其微弱）或者"梯度爆炸"（梯度过大导致模型出现发散）的现象；且当模型收敛时，随着网络深度的增加，训练误差没有降低反而升高，训练变得愈加困难。2015 年，何凯明等提出了 ResNet（残差网络），旨在解决卷积神经网络中的梯度弥散和梯度爆炸问题，同时可以加速神经网络的收敛。如图 3.12 所示，在一个残差块中，网络的输入信号通过多个卷积层、池化层后得到输出，同时将输入与输出通过捷径（Shortcut Connection）的方式相加，迫使网络学习输出和输入的残差值，即输入与输出之间的差异，相比于直接学习原始特征，学习残差更加容易，进而可以更好地训练网络。ViT 的单个 Encoder 中有两个残差连接。表达式如下：

$$\boldsymbol{y}=F(\boldsymbol{x})+\boldsymbol{x} \tag{3-6}$$

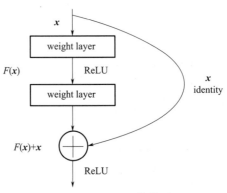

图 3.12　ResNet 结构图

⑥ 多层感知机。Frank Rosenblatt 提出了神经网络的起源算法——感知机，它模仿人类大脑的神经元结构，构成一种典型的前馈神经网络模型。感知机是一种二分类的线性数学模型，其定义如式（3-7），其中 $\boldsymbol{x}_i$ 是输入特征向量，$\boldsymbol{w}_i$ 是输入特征向量的权重，$\boldsymbol{b}$ 是偏差。θ 是符号函数，其输入 $\boldsymbol{x}$ 是实例的特征向量，输出是实例的类别，分别是 +1 和 -1，它属于判别模型。

$$\begin{cases} \boldsymbol{y}=f(\boldsymbol{x})=\theta(\boldsymbol{w}_i\boldsymbol{x}_i+\boldsymbol{b}) \\ \theta(\boldsymbol{x})=\begin{cases} +1,\boldsymbol{x}\geqslant 0 \\ -1,\boldsymbol{x}<0 \end{cases} \end{cases} \tag{3-7}$$

具有 n 个输入的单层感知机整体结构如图 3.13。单层感知机只能处理一些简单的线性回归或者二分类问题，无法处理某些多分类以及异或问题。

将多个单层感知机相叠加，并加入隐藏层和非线性函数便形成了多层感知机（Multilayer Perceptron，MLP）。图 3.14 是输入层具有 2 个输入、隐藏层具有 3 个神经元、输出层具有 2 个输出的多层感知机。为克服感知机线性模型的限制问题，通过合并一个或多个隐藏层，并向隐藏层引入非线性函数，也称为激活函数（Activation Function），有了激活函数，多层感知机就不会退化成线性模型，实现非线性模型的线性变换。

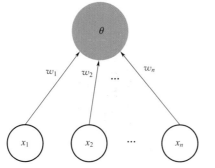

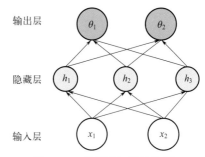

图 3.13　单层感知机整体结构　　　　图 3.14　多层感知机结构图

多层感知机表达如式(3-8)，$\boldsymbol{X}$ 为输入特征向量，σ 为隐藏层的激活函数，$\boldsymbol{H}$ 为隐藏层输出，$\boldsymbol{W}$ 为每层的权重，$\boldsymbol{b}$ 为每层的偏差，输出为 $\boldsymbol{\theta}$。从图 3.14 和式(3-8) 中可以看出，$\boldsymbol{X}$ 经过隐藏层、输出层得到结果，模型可以通过不断增加隐藏层的数量使之更具有表达性，甚至可以拟合任意函数。

$$\begin{cases} \boldsymbol{H} = \sigma(\boldsymbol{X}^{\mathrm{T}}\boldsymbol{W}^{(1)} + \boldsymbol{b}^{(1)}) \\ \boldsymbol{\theta} = \boldsymbol{H}\boldsymbol{W}^{(2)} + \boldsymbol{b}^{(2)} \end{cases} \tag{3-8}$$

Vision Transformer 中多层感知机的计算见式(3-9)，其中 $\hat{\boldsymbol{z}}^{l}$、$\boldsymbol{z}^{l}$ 分别为 l 块中 MSA 模块和 MLP 模块的输出特征。

$$\begin{cases} \hat{\boldsymbol{z}}^{l} = \mathrm{MSA}(\mathrm{LN}(\boldsymbol{z}^{l-1})) + \boldsymbol{z}^{l-1} \\ \boldsymbol{z}^{l} = \mathrm{MLP}(\mathrm{LN}(\hat{\boldsymbol{z}}^{l})) + \hat{\boldsymbol{z}}^{l} \end{cases} \tag{3-9}$$

图像被均匀地分割成平铺的补丁嵌入，连同位置嵌入一起被馈送到 Transformer Encoder 中，再经过 MLP 任务头之后，实现图像分类的功能。

3.3　Swin Deformable Transformer-BiPAFPN-YOLOX 目标检测算法

本节主要进行如下研究：①提出一种基于重要区域的重建可变形自注意力机制，将注意力转移到重要区域，该区域被分配更多的局部密集注意力，进而对其中的目标进行全局建模，提高远距离的关系建模能力与效率；②构建一种新的主干，提高特征提取能力和速度；③引入 BiPAFPN 作为 YOLOX 的特征聚合网络，它为输入的多尺度特征设置不同的权重，突出重要特征的贡献。

3.3.1　DarkNet53-PAFPN-YOLOX 目标检测算法

本小节介绍基线模型 DarkNet53-PAFPN-YOLOX。2021 年，旷视科技在 YOLO v3 基础上推出 YOLOX，采取了包括无锚（Anchor-free）在内的多项举措，将 YOLO 系列推向一个新的高度。DarkNet53-PAFPN-YOLOX 的整体结构如图 3.15 所示，下面分别介绍 YOLOX 的主干网络、颈部以及检测头。

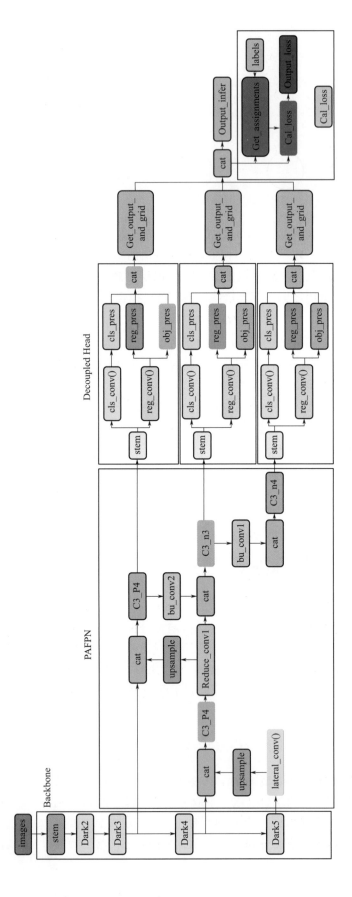

图 3.15　DarkNet53-PAFPN-YOLOX 结构图

（1）主干网络：DarkNet53

2016 年，Redmon 提出了 DarkNet53。DarkNet53 是一个深度神经网络结构，主要用于目标检测。如图 3.16 所示，DarkNet53 主要由 53 个卷积层、残差层、池化层等组成，这些层被分成 CBL 模块与 ResN 模块，用于帮助模型学习低级别和高级别特征，一方面使模型具有强大的特征表示能力，另一方面避免网络过深带来的梯度弥散以及爆炸的问题。

	Type	Filters	Size	Output
	Convolutional	32	3×3	256×256
	Convolutional	64	3×3/2	128×128
1×	Convolutional	32	1×1	
	Convolutional	64	3×3	
	Residual			128×128
	Convolutional	128	3×3/2	64×64
2×	Convolutional	64	1×1	
	Convolutional	128	3×3	
	Residual			64×64
	Convolutional	256	3×3/2	32×32
8×	Convolutional	128	1×1	
	Convolutional	256	3×3	
	Residual			32×32
	Convolutional	512	3×3/2	16×16
8×	Convolutional	256	1×1	
	Convolutional	512	3×3	
	Residual			16×16
	Convolutional	1024	3×3/2	8×8
4×	Convolutional	512	1×1	
	Convolutional	1024	3×3	
	Residual			8×8
	Avgpool		Global	
	Connected		1000	
	Softmax			

图 3.16　DarkNet53 结构图

① 如图 3.17 所示，CBL 模块由卷积（Conv）、批量归一化（Batch Normalization，BN）和激活函数（Leaky-ReLU）三部分组成。

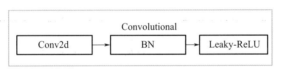

图 3.17　CBL 模块结构图

② 如图 3.18 所示，ResN 模块由 CBL 与 N 个 Res Block 组成。在 Res Block 中，特征先降维后升维，再与输入相加进行融合。步长为 2 的 CBL 模块后连接 N 个 Res Block 形成 ResN 模块。CBL 代替池化层进行下采样，以扩大感受野并增强语义信息。

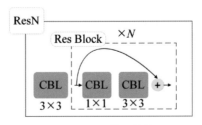

图 3.18　ResN 模块结构图

输入图像经过 DarkNet53 中的卷积、池化、批量归一化等系列操作完成特征提取，最终输出一个固定长度的特征向量，用于目标检测任务的后续处理，如边界框预测、分类等。

（2）颈部：PAFPN

图 3.19 是 PAFPN 的结构图。图 3.19(a) 是其基线网络 FPN，即先进行自下而上的下采样操作，再进行自上而下的上采样操作，同时，对下采样层卷积进行降维，然后通过横向连接与上采样层相加，便得到 $P_5 \sim P_2$ 的输出。图 3.19(b) 是在图 3.19(a) 的基础上增加一条自下而上的路径增强（如下方虚线所示），主要是为减少从底层特征到高层特征的路径（如上方虚线所示），以减少信息丢失。

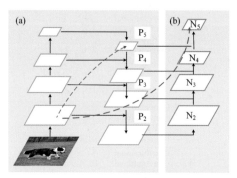

图 3.19　PAFPN 结构图

图 3.20 是 YOLOX 的颈部 PAFPN，各种尺度的信息先通过上采样的方式进行传递融合，再通过下采样融合方式得到预测的特征，最终输出 3 个特征层组成的结果。

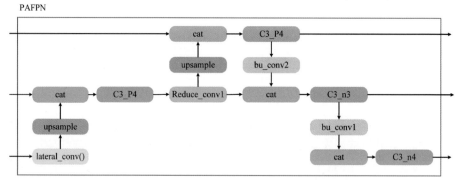

图 3.20　YOLOX 颈部 PAFPN 的结构图

（3）检测头：YOLOX

YOLOX 使用 Anchor-free 机制、解耦头和标签分配策略 SimOTA，它在简化检测器的训练以及解码过程的同时，提高了检测精度。YOLOX 结构如图 3.21 所示。

YOLOX 采用解耦头（Decoupled Head），将分类（Classification）和回归（Regression）任务解耦为两个分支，并在回归分支上添加 IoU 分支；分类分支

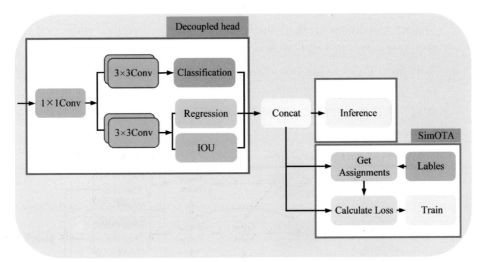

图 3.21　YOLOX 结构图

预测目标类别，回归分支预测真值框的中心点坐标，IoU 分支预测置信度。实现流程如下：先通过 1×1 卷积层降低通道维数；再将特征传至两个平行的分支，每个分支分别有两个 3×3 卷积层；再分别传入分类、回归、IoU 分支；最后，将这三个分支的结果连接，就可以得到训练（Train）或推理结果（Inference）。解耦头（Decoupled Head）不仅可以加速收敛，还可以提高 YOLOX 的检测精度。

Anchor-free 机制的实现如下：将每个位置的预测从 3 减少到 1，并让检测头直接预测 4 个值，即网格左上角的两个偏移量，以及预测框的高度和宽度。它为每个目标分配一个以该目标为中心的正样本区域，在此范围内均是正样本。Anchor-free 机制解决了训练中正负样本不平衡的问题，提高了目标检测的精度，并使检测器大大简化。

YOLOX 提出 SimOTA 的动态 Top-k 标签分配策略，优化了预测值（prediction，p）与真值（ground truth，g）的匹配方式。SimOTA 实现流程如下：

首先，利用标签分配函数 get assignments 得到真值标签（Lables），并计算预测值与真值的匹配程度，匹配结果用 p-g 的成本表示：

$$c_{ij} = L_{ij}^{\text{cls}} + \lambda L_{ij}^{\text{reg}} + L_{ij}^{\text{iou}} + L_{ij}^{\text{L1}} \tag{3-10}$$

式中，L_{ij}^{cls}、L_{ij}^{reg}、L_{ij}^{iou}、L_{ij}^{L1} 分别是预测值与真值之间的分类损失、回归损失、置信度损失以及 L1 范数损失；λ 是平衡系数。

然后，选择固定中心区域成本最小的 k 个预测值作为正样本。最后，将正样本对应的网格指定为正值，其余网格则为负值。SimOTA 提高了检测精度，缩短了训练周期。

3.3.2　Swin Deformable Transformer-BiPAFPN-YOLOX 目标检测算法整体结构

本小节提出 Reconstructed Deformable Self Attention，并将其作为 Swin

Deformable Transformer 的注意力机制，使用 Swin Deformable Transformer 作为主干（Backbone），使用 BiPAFPN 作为颈部（Neck），使用 YOLOX 作为检测头（Head），整个目标检测结构如图 3.22 所示。首先，输入图像经过四阶段主干 Swin Deformable Transformer 完成多尺度特征提取；然后，不同尺度的特征传至 Neck 部分 BiPAFPN，进行多尺度特征聚合，实现对图像的全面理解；最后，特征传至 YOLOX 检测头，预测目标的类别、位置和检测框置信度。

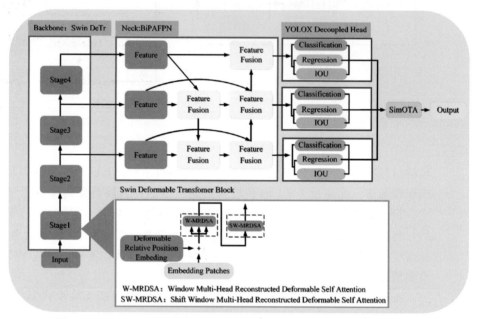

图 3.22　Swin Deformable Transformer-BiPAFPN-YOLOX 整体结构图

3.3.3　重建可变形自注意力机制

本小节提出的基于重要区域的重建可变形自注意力机制（Reconstructed Deformable Self Attention）如图 3.23 所示，它在特征图中重要区域的指导下，对图像补丁之间进行关系建模。红框表示窗口，灰框表示补丁，蓝点表示补丁网格点，红色、紫色、黄色、绿色表示重要区域，四种颜色的箭头表示补丁网格点向重要区域移动。这些重要区域由移位采样点（Shifted Sampling Points）确定，且由于 Shifted Sampling Points 的存在而被分配比其他区域更多的局部密集注意力，以提高建模能力，更准确地捕捉重要特征。Reconstructed Deformable Self Attention 的工作原理如下所示。

第一，输入特征 x，生成补丁网格点（Patch Grid Points）。

补丁网格点：补丁网格点是指每个图像补丁上的 4 个网格点，通过 4 个网格点组成的包围框去定位每个图像补丁中的特征，确保每个图像补丁中的重要特征不会丢失。本小节使用已有的补丁网格点而非重新生成的随机点，一方面，这可以避免整个特征图的信息损失，并减少重新随机划分网格的计算成本和时间成本；另一方面，由于图像补丁位于移位窗口内，移位窗口之间可以交互，

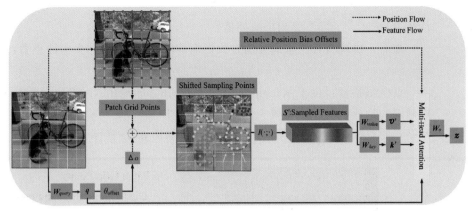

图 3.23　Reconstructed Deformable Self Attention 原理示意图

这便增强了特征与特征之间的相关性。补丁网格点是线性间隔的二维坐标 $\{(0,0),\cdots,(P_H-1,P_W-1)\}$，其中 P_H、P_W 分别为高、宽方向上补丁的数量，按照 $P_H \times P_W$ 的网格形状将其归一化到 $[-1,+1]$ 范围，其中 $(-1,-1)$ 表示左上角，$(+1,+1)$ 表示右下角。

第二，为获得补丁网格点的偏移量（Offsets），将特征经过投影矩阵 $\boldsymbol{W}_{query}$ 投影后得到查询（query，$\boldsymbol{q}$）如式(3-11)，再将 $\boldsymbol{q}$ 输入到偏移网络 $\theta_{\mathrm{offset}}()$ 生成偏移量 Δo 如式(3-12)。在特征图中重要区域的指导下，补丁网格点结合偏移量后成为移位采样点，迁移到重要区域。

第三，在移位采样点（Shifted Sampling Points）位置对特征图进行采样得到采样特征（Sample Features）$\boldsymbol{S}'$ 如式(3-13)。然后，$\boldsymbol{S}'$ 经过投影矩阵 $\boldsymbol{W}_{key}$ 和 $\boldsymbol{W}_{value}$ 后分别得到 Shifted Keys 和 Shifted Values 如式(3-14)：

$$\boldsymbol{q}=\boldsymbol{x}\boldsymbol{W}_{query} \tag{3-11}$$

$$\Delta o=s\tanh[\theta_{\mathrm{offset}}(\boldsymbol{q})] \tag{3-12}$$

$$\boldsymbol{S}'=I(\boldsymbol{x}\,;p+\Delta p) \tag{3-13}$$

$$\boldsymbol{k}'=\boldsymbol{S}'\boldsymbol{W}_{key},\boldsymbol{v}'=\boldsymbol{S}'\boldsymbol{W}_{value} \tag{3-14}$$

式中，$\boldsymbol{W}_{query}$、$\boldsymbol{W}_{key}$、$\boldsymbol{W}_{value}$ 为投影矩阵；$\boldsymbol{k}'$ 和 $\boldsymbol{v}'$ 分别是 Shifted Keys 和 Shifted Values 的嵌入；s 表示限制系数。

对于式(3-13)，本小节将采样函数 $I(\cdot\,;\cdot)$ 设置为双线性插值函数以使其可微分：

$$I(\boldsymbol{z}\,;(p_x,p_y))=\sum_{(r_x,r_y)}g(p_x,r_x)g(p_y,r_y)\boldsymbol{z}[r_y,r_x,:] \tag{3-15}$$

式中，$g(p_x,r_x)=\max(0,1-|P_x-r_x|)$；$(r_x,r_y)$ 为索引特征图 $\boldsymbol{z}\in \mathbb{R}^{H\times W\times C}$ 上的所有位置；(p_x,p_y) 是补丁网格点的坐标。

第四，对 $\boldsymbol{q}$、$\boldsymbol{k}$、$\boldsymbol{v}$ 进行注意力计算并采用相对位置偏移 $\boldsymbol{R}$（Relative Position Offsets）。单个注意头的输出如式(3-16)：

$$\boldsymbol{z}^{(m)}=\mathrm{softmax}(\frac{\boldsymbol{q}^{(m)}\boldsymbol{k}'^{(m)\mathrm{T}}}{\sqrt{d}}+I(\hat{\boldsymbol{B}}\,;\boldsymbol{R}))\boldsymbol{v}'^{(m)},m=1,2,\cdots,M \tag{3-16}$$

式中，m 表示注意头的索引；d 是每个注意头的维度；$\hat{\boldsymbol{B}}\in\mathbb{R}^{(2H-1)\times(2W-1)}$

是相对位置偏差表，可从中索引到相对位置偏差 $\boldsymbol{B}$（Relative Position Bias）；$I(\hat{\boldsymbol{B}};\boldsymbol{R})\in\mathbb{R}^{HW\times P_H P_W}$ 是对 $\hat{\boldsymbol{B}}$ 的插值。

最后，拼接所有注意头并通过投影矩阵 $\boldsymbol{W}_o$ 投影后得到多头注意力：

$$z=\mathrm{Concat}(z^{(1)},\cdots,z^{(M)})\boldsymbol{W}_o \tag{3-17}$$

点框偏移量：由于 Reconstructed Deformable Self Attention 提取补丁网格点周围的特征，所以让检测头预测包围框（Bounding Box）中心点相对于补丁网格点的点框偏移量（Point Box Offset），如图 3.24 所示。

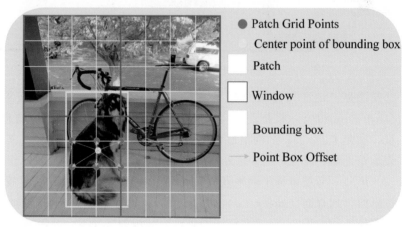

图 3.24　点框偏移量示意图

具体实现如下：以补丁网格点作为包围框中心的初始推理点，让检测头（Head）预测补丁网格点的偏移量：

$$p=(p_x,p_y)$$
$$\hat{b}=\{\sigma(b_x+\sigma^{-1}(p_x)),\sigma(b_y+\sigma^{-1}(p_y)),\sigma(b_w),\sigma(b_h)\} \tag{3-18}$$

式中，p 是补丁网格点；$\hat{b}$ 是偏移量；$b_{\{x,y,w,h\}}\in\mathbb{R}$ 由检测头预测得到；σ、σ^{-1} 分别是 sigmoid 和反 sigmoid 函数，以保证 $\hat{b}$ 是归一化的坐标，如 $\hat{b}\in[0,1]$。

这样，学习到的 Reconstructed Deformable Self Attention 与预测的检测框有很强的相关性，提高了检测精度。

3.3.4　主干网络：Swin Deformable Transformer

基于 Reconstructed Deformable Self Attention 的主干网络 Swin Deformable Transformer 共有 4 个阶段，其结构如图 3.25 所示。

首先，Patch Partition 模块将尺寸为 $H\times W\times 3$ 的输入图像拆分成均匀分布的图像补丁，以作为 Transformer 的输入。经过 Patch Partition 后得到尺寸为 $(H/4)\times(W/4)\times 48$ 的图像补丁。然后进入 Stage1，Linear Embedding 模块将图像补丁投影到 Swin Deformable Transformer Blocks 输入的任意维度值，这里是 $(H/4)\times(W/4)\times C$。最后，特征传入 Swin Deformable Transformer Blocks。

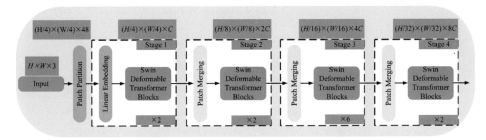

图 3.25　Swin Deformable Transformer 结构图

Swin Deformable Transformer Blocks：Swin Deformable Transformer Blocks 的结构如图 3.26 所示。首先，block l 计算窗口多头重建可变形自注意力机制（Window Multi-Head Reconstructed Deformable Self Attention，W-MRDSA），然后，block $l+1$ 计算移位窗口多头重建可变形自注意力机制（Shift Window Multi-Head Reconstructed Deformable Self Attention，SW-MRDSA），两个 block 作为一个计算单元。

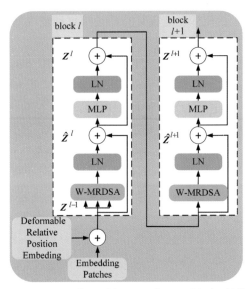

图 3.26　Swin Deformable Transformer Blocks 结构图

第一，图 3.26 中 Linear Embedding 的输出 Embedding Patches，结合位置编码一起传给 W-MRDSA。本小节使用 Deformable Relative Position Embedding 作为位置编码，一方面它可以覆盖所有的偏移（Offset），另一方面它负责编码输入序列的具体位置，防止 Embedding Patches 乱序。

第二，W-MRDSA 的通用计算公式见式(3-19)。W-MRDSA 的输入是一系列 *key*、*query*、*value* 向量，本小节采用 scaled cosine attention 方法计算 *query* 与 *key* 的相似性，得到 *key* 对应的权重 A_i；使用 softmax 函数对权重进行归一化得到 *value* 的权重系数 C_i；对 *value* 进行加权求和得到自注意力值 SA；投影多头自注意力串联的输出得到 W-MRDSA。

$$\begin{cases} A_i = \text{similarity}(\boldsymbol{key}_i, \boldsymbol{query}) = \dfrac{\cos(\boldsymbol{key}_i, \boldsymbol{query})}{\tau} + B_{ij} \\ C_i = \text{softmax}\big[\text{similarity}(\boldsymbol{key}_i, \boldsymbol{query})\big] \\ SA = \displaystyle\sum_{i=1}^{I} \text{softmax}\big[\text{similarity}(\boldsymbol{key}_i, \boldsymbol{query})\big] \times \boldsymbol{value} \\ \text{W-MRDSA} = \text{concat}(\text{SA}_{\text{head1}}, \text{SA}_{\text{head2}}, \cdots, \text{SA}_{\text{head}n})\boldsymbol{W}_o \end{cases} \tag{3-19}$$

式中，B_{ij} 是像素 i 和像素 j 之间的相对位置偏差；τ 是值大于 0.01 的可学习的标量；$\boldsymbol{W}_o$ 是投影矩阵。scaled cosine attention 方法可以稳定训练过程，提高精度。

第三，特征传至层归一化（Layer Normalization，LN）。在神经网络训练之前需要对输入数据进行归一化，一方面可以加快训练速度，另一方面可以提高训练的稳定性。本小节使用 res-post-norm 方法：将 LN 放在 W-MRDSA 前，可以避免层间激活振幅过大，使训练过程更稳定，提高精度。

第四，特征传入多层感知机（Multi-Layer Perceptron，MLP），让非线性模型实现维度的线性变换。再传入下一个 LN 层执行层归一化。每个 block 中有 2 个残差连接，使用残差连接是为防止深度神经网络在训练时退化，退化会造成训练误差增大。

第五，特征传至 block $l+1$，计算 SW-MRDSA，后续的流程同 block l。

两个连续的 Swin Deformable Transformer Blocks 的计算如下：

$$\begin{cases} \hat{z}^l = \text{W-MRDSA}(\text{LN}(z^{l-1})) + z^{l-1} \\ z^l = \text{MLP}(\text{LN}(\hat{z}^l)) + \hat{z}^l \\ z^{l+1} = \text{SW-MRDSA}(\text{LN}(z^l)) + z^l \\ z^{l+1} = \text{MLP}(\text{LN}(\hat{z}^{l+1})) + \hat{z}^{l+1} \end{cases} \tag{3-20}$$

式中，$\hat{z}^l$、z^l 分别为 l 块中（S）W-MRDSA 模块和 MLP 模块的输出特征。

MRDSA 计算成本如下：

$$\begin{aligned} \Omega(\text{MRDSA}) = {}& 2HW(P_H + 1)(P_W + 1)C + 2HWC^2 + \\ & 2(P_H + 1)(P_W + 1)C^2 + (k^2 + 2)(P_H + 1)(P_W + 1)C \end{aligned} \tag{3-21}$$

式中，HW 是图像的高宽之积；C 是维度；P_H、P_W 分别是高、宽方向的图像补丁数量；k 是采样 $\boldsymbol{key}$ 的数量。

由式（3-21）可知，计算成本与图像尺寸大小呈线性关系。因此，本小节提出的 Swin Deformable Transformer 适用于高分辨率输入图像的密集视觉任务。

如图 3.27 所示，Swin Deformable Transformer Blocks 将图像划分成若干窗口，白色框表示补丁，黑色框表示窗口。在窗口内计算自注意力，同时，建立基于移位窗口（Shift Window，Swin）的连接，这使各层窗口之间可以交互。此时，基于移位窗口的自注意力机制便具有全局建模能力，可以捕获更多的信息。Layer Ⅰ使用规则分区窗口策略将图像划分为 4 个窗口，每个窗口具有 4×4 个图像补丁；Layer Ⅰ的规则分区窗口向左上循环移位后，产生 Layer Ⅱ层的新窗口。新窗口的自注意力跨越规则分区窗口的边界，使窗口之间交互，便获得全局建模能力。如 Window5 使 Window1 与 Window3 交互，Window9 使 Window1、Window2、Window3、Window4 交互。

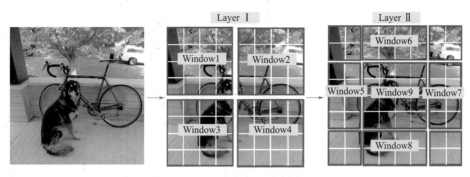

图 3.27　移位窗口示意图

Patch Merging：在 Stage 2，构建 Patch Merging 机制以生成多尺度特征，其结构如图 3.28 所示。首先，Patch Merging 在通道 C 的维度上将 4 个相邻的窗口拼接成一个新窗口，新窗口便具有更大的感受野。4 倍下采样将 Patch 的数量减少为原来的 1/4，Patch 的维度变为 $4C$，所以拼接后特征的维度为 $(H/8) \times (W/8) \times 4C$；然后用 1×1 的卷积层将特征的维度降为 $2C$，特征尺寸变为 $(H/8) \times (W/8) \times 2C$。其次，Swin Deformable Transformer Blocks 对特征进行变换，输出特征的尺寸仍为 $(H/8) \times (W/8) \times 2C$。同理，Stage 3、Stage 4 输出的特征维度分别为 $(H/16) \times (W/16) \times 4C$、$(H/32) \times (W/32) \times 8C$，Stage 1、Stage 2 输出的特征尺寸分别为 $(H/4) \times (W/4) \times C$、$(H/8) \times (W/8) \times 2C$，从而形成层次化的多尺度特征。

图 3.28　Patch Merging 示意图

3.3.5　颈部：BiPAFPN

BiPAFPN 是一种轻量化、高效的网络，可以简单、快速地实现多尺度特征融合。BiPAFPN 的结构如图 3.29 所示。

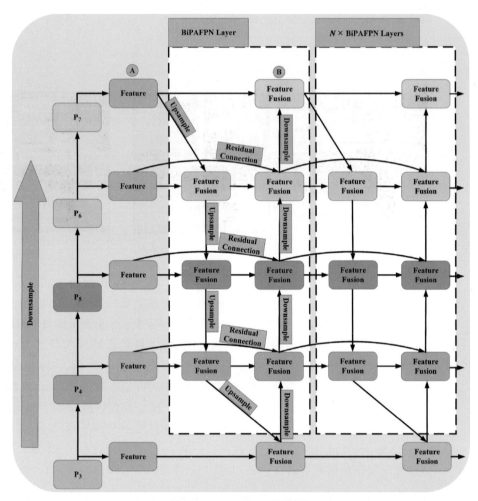

图 3.29　BiPAFPN 结构图

　　首先，BiPAFPN 摒弃 PAFPN 中只有单一信息输入路径的节点，如图 3.29 中 A 与 B 之间的节点。缺少融合信息、只有单一信息作为输入的节点，对于需要融合各种尺度特征的网络贡献很小。首先，这在 PAFPN 网络上形成一个同时具有上采样（Upsample）、下采样（Downsample）路径的双向信息传递网络；其次，BiPAFPN 从相同层的输入到输出节点上使用跨尺度的残差连接（Residual Connection），以融合更多特征；最后，将双向信息传递网络作为一个特征层，多次应用这个特征层以实现更高层的特征融合。

　　不同的输入特征具有不同的分辨率，融合的不同输入特征对于输出的贡献存在很大差异。对此，BiPAFPN 为每个输入特征设置权重，让网络学习不同输入特征的重要性，采用快速归一化的融合策略，其计算如下：

$$\boldsymbol{O} = \sum_i \frac{w_i}{\in + \sum_j w_j} \times \boldsymbol{I}_i \tag{3-22}$$

　　式中，w_i 是可学习的权值；$\in = 0.0001$，可以避免数值的不稳定；$\boldsymbol{O}$ 表示融合特征；w_j 表示权重；$\boldsymbol{I}_i$ 表示输入特征。

图 3.29 中 P_6 级融合后的特征表达式如下：

$$\boldsymbol{P}_6^{\mathrm{td}}=\mathrm{DSConv}\left(\frac{w_1\boldsymbol{P}_6^{\mathrm{in}}+w_2\,\mathrm{Resize}(\boldsymbol{P}_7^{\mathrm{in}})}{w_1+w_2+\epsilon}\right) \tag{3-23}$$

$$\boldsymbol{P}_6^{\mathrm{out}}=\mathrm{DSConv}\left(\frac{w_1'\boldsymbol{P}_6^{\mathrm{in}}+w_2'\boldsymbol{P}_6^{\mathrm{td}}+w_3'\,\mathrm{Resize}(\boldsymbol{P}_5^{\mathrm{out}})}{w_1'+w_2'+w_3'+\epsilon}\right) \tag{3-24}$$

式中，$\boldsymbol{P}_6^{\mathrm{td}}$ 表示 P_6 级的自顶向下路径的中间特征；$\boldsymbol{P}_6^{\mathrm{out}}$ 表示 P_6 级的自底向上路径的输出特征；Resize() 表示调整不同分辨率的特征到相同分辨率的上采样或下采样；DSConv 表示深度可分离卷积。

3.4　实验与分析

3.4.1　实验平台搭建

本章实验在 Linux 操作系统上进行，使用 V100 GPU 进行环境搭建，在 Ubuntu 18.04、Python 3.7、PyTorch 1.6.0、OpenCV 和 CUDA 10.1 的基础上实现，使用目标检测工具库 MMDetection。

3.4.2　数据集

本章选用 COCO 数据集，该数据集包含 118000 张图像用于训练模型，5000 张图像用于验证模型，以及 20000 张图像用于测试模型。该数据集包含 12 个高级类别和 80 个细粒度类别，其中包括行人、汽车、交通灯和狗等对象。在训练集和测试集中，共包含 66800 张行人图像、12780 张汽车图像、4330 张交通灯图像和 4560 张狗图像等。数据集的注释包括目标区域、类别、边界框（Bounding Box，包含横坐标、纵坐标、宽和高）、分割信息、目标数（iscrowd）以及图像地址（image_id）等。使用验证集进行消融实验，使用测试集进行对比实验以评估算法性能。

3.4.3　评价标准

① 交并比 IoU。IoU（Intersection over Union）也叫 Jaccard 系数，是用于衡量检测框与真值框之间重叠度的指标。它是检测框与真值框交集区域面积与它们并集区域面积之比，通常表示目标检测算法的精度。IoU 计算公式如下：

$$\text{IoU} = \frac{\text{area}(B_p \bigcap B_{gt})}{\text{area}(B_p \bigcup B_{gt})} \tag{3-25}$$

② 平均精度 AP。AP（Average Precision）是一个综合指标，用于评估目标检测算法在不同 IoU 阈值下的表现。AP 曲线是在不同置信度阈值下的精确率和召回率之间的曲线，而 AP 指的是 AP 曲线下的面积。AP 越高，说明目标检测算法的表现越好。

根据 IoU 可以判断预测结果是否正确。假设预测框的结果是阳、阴性样本，分别用 Positive(P)、Negative(N) 表示，检测结果的正确、错误分别用 True(T)、False(F) 表示。设定 IoU 阈值，预测框和真值框的 IoU 大于阈值则为 TP，否则为 FP，表 3.1 为其混淆矩阵。

表 3.1　混淆矩阵

真实值	预测结果	
	Positive	Negative
Positive	TP(真正类)	FN(假负类)
Negative	FP(假正类)	TN(真负类)

精确率（Precision，P）：正确预测出的正样本占全部预测为正样本的比例。数学表达式如下：

$$P = \frac{TP}{TP+FP} \tag{3-26}$$

召回率（Recall，R）：正确预测出的正样本占全部实际为正样本的比例。数学表达式如下：

$$R = \frac{TP}{TP+FN} \tag{3-27}$$

将 Recall 作为横坐标、Precision 作为纵坐标，就可以得到反映两者关系的 P-R 曲线，该曲线围成面积即为平均精度 AP。AP_S 表示 $area < 32^2$ 的小尺度目标的 AP，AP_M 表示 $32^2 < area < 96^2$ 的中尺度目标的 AP，AP_L 表示 $area > 96^2$ 的大尺度目标的 AP；AP_{50}、AP_{75} 分别表示 IoU = 50、75 时的 AP。

③ 训练周期 Epoch。Epoch 是指深度学习模型在整个训练数据集上进行一次前向传播和反向传播的迭代周期。在每个训练周期中，模型将一批训练数据输入到网络中，然后通过反向传播算法调整模型的权重，以最小化损失函数。这个过程会持续进行多个训练周期，直到模型的性能达到最佳水平或训练达到指定的轮数。一个训练周期的长度取决于训练数据集的大小和训练参数的数量。在深度学习模型中，通常需要进行数百个训练周期才能训练出一个性能良好的模型，因此，训练周期也用来评价模型的性能。

④ 参数量 Param。Param（Parameter）是深度学习模型中可学习参数的数量，单位为 M，用于评价模型复杂度。这些参数是通过训练模型学习得到的，以便使模型能够对输入数据进行预测或分类。参数量越多，模型的拟合能力和表达能力越强，同时也需要更多的计算资源和数据。

⑤ 浮点运算次数 FLOPs。FLOPs（Floating-point Operations）是指计算机

科学和数值计算中每秒执行的十亿次浮点运算数，用于评价计算复杂度，其数值越高，表示计算复杂度越高，单位为 G，表示为 GFLOPs。

⑥ 推理速度 FPS。推理是指将训练好的模型应用于新的数据，以进行预测或分类。推理速度（Frames Per Second，FPS）是指深度学习模型执行推理（inference）的速度，通常以每秒处理的图像数或输入数据数为单位，这里指 GPU 上每秒传输的图片帧数。推理速度是一个重要的性能指标。FPS＝1000/Infer time，用于评价推理速度。

3.4.4 训练策略

本小节设置两阶段的训练策略。

第一阶段训练主干 Swin Deformable Transformer。首先在 ImageNet-1K 数据集上预训练主干 Swin Deformable Transformer 进行初始化，然后在 COCO 训练集上训练 Swin Deformable Transformer，使用 AdamW 优化器和 soft-NMS。初始学习率设为 3×10^{-4}，权重衰减参数设为 0.05，批大小设为 16，使用 $5\times$ schedule，训练 60 个 epochs，学习率在 40 个 epochs 和 52 个 epochs 之后以 0.1 的倍率衰减。

第二阶段训练整体计算网络 Swin Deformable Transformer-BiPAFPN-YOLOX。先在 COCO 训练集上预热 5 epochs，使用随机梯度下降策略（SGD）进行训练。初始学习率设为 2×10^{-3}，并在 6 epochs 时以 10 的倍率增加到 2×10^{-2}，然后采用 lr×BatchSize/64（线性缩放）的学习率，采用余弦 lr 计划。批大小设置为 128，训练 96 个 epochs。使用 DeiT 数据增强策略，使用 Mosaic 和 MixUp 提高 YOLOX 的性能，在最后 15 个 epochs 关闭数据增强。

3.4.5 实验数据统计与分析

（1）消融实验

为研究不同组件对本章算法性能的影响，进行消融实验，实验结果见表 3.2。表中，Swin Tr 表示 Swin Transformer，Swin DeTr 表示 Swin Deformable Transformer。可以看出，YOLOX-Swin Transformer-PAFPN 比 YOLOX-DarkNet53-PAFPN 的 AP、AP_S 分别高出 1.0%、1.8%，表明 Swin Transformer 相比于 DarkNet53 能够更好地提取目标特征；YOLOX-Swin Deformable Transformer-PAFPN 比 YOLOX-Swin Transformer-PAFPN 的 AP、AP_S 分别高出 0.7%、1.4%，表明本章的主干 Swin Deformable Transformer 优于 Swin Transformer；YOLOX-Swin Deformable Transformer-BiPAFPN 比 YOLOX-Swin Deformable Transformer-PAFPN 的 AP、AP_S 分别高出 0.6%、0.5%，表明使用 BiPAFPN 作为 YOLOX 的特征聚合网络表现得比 PAFPN 更好。相比于原算法 DarkNet53-PAFPN-YOLOX，本章算法的参数量降低 30.1%，计算复杂度降低 40.3%，推理速度提升 10.0%。

表 3.2　COCO 验证集上消融实验结果

算法	AP	AP$_{50}$	AP$_{75}$	AP$_S$	AP$_M$	AP$_L$	Param/M	FLOPs/G	Infer time/ms	FPS
DarkNet53-PAFPN-YOLOX	47.4	67.3	52.1	27.5	51.5	60.9	63.7	185.3	11.1	90.1
Swin Tr-PAFPN-YOLOX	48.4	67.8	52.6	29.3	52.6	61.8	86.9	221.6	14.5	69.0
Swin DeTr-PAFPN-YOLOX	49.1	68.3	53.0	30.7	54.6	62.9	53.2	173.1	12.4	80.6
Swin DeTr-BiPAFPN-YOLOX	49.7	68.6	53.2	31.2	54.9	63.3	44.5	110.7	10.1	98.7

　　为研究不同阶段使用 Reconstructed Deformable Self Attention 对本章算法性能的影响，进行消融实验。Swin Transformer 共 4 个阶段（Stage），在每个 Stage 的第二个 block 中使用 Reconstructed Deformable Self Attention，在此基础上，在每个 Stage 的第一个 block 中依次使用 Reconstructed Deformable Self Attention，实验结果见表 3.3。可以看出，当在每个 Stage 的所有 blocks 中都使用 Reconstructed Deformable Self Attention 时，其 AP 提升 1.3%，AP$_S$ 提升 1.9%，计算复杂度以及参数量表示的模型复杂度分别降低 47.7%、44.0%，推理速度提升 35.2%。这表明在每个 Stage 的所有 blocks 中都使用 Reconstructed Deformable Self Attention，能够使本章算法获得最佳的效果。

表 3.3　不同阶段使用 Reconstructed Deformable Self Attention 的消融实验结果

Stage1 block1	Stage1 block2	Stage2 block1	Stage2 block2	Stage3 block1	Stage3 block2	Stage4 block1	Stage4 block2	AP/%	AP$_S$	Param/M	FLOPs/G	Infer time/ms	FPS
✓	✓	✓	✓	✓	✓	✓	✓	49.7	31.2	44.5	110.7	10.1	98.7
	✓	✓	✓	✓	✓	✓	✓	49.6	31.0	51.8	144.3	11.3	88.5
	✓		✓	✓	✓	✓	✓	49.4	30.6	60.3	175.2	11.7	85.5
	✓		✓		✓	✓	✓	48.9	30.3	68.7	193.6	12.9	77.5
Swin Transformer-BiPAFPN-YOLOX								48.4	29.3	79.4	211.8	13.7	73.0

　　为评估补丁网格点（Patch Grid Points）与点框偏移量（Point Box Offset）对本章算法的影响，进行消融实验，结果见表 3.4。方案 A 使用补丁网格点（Patch Grid Points）而非随机点；方案 B 让检测头预测补丁网格点（Patch Grid Points）相对于包围框中心点的点框偏移量（Point Box Offset）。由表可以看出，方案 A 使 AP、AP$_S$ 分别提升 0.5%、0.7%；方案 B 使 AP、AP$_S$ 分别提升 0.6%、0.9%；方案 A、B 共同作用时，AP、AP$_S$ 分别提升 0.9%、1.4%，模型复杂度减少 36.1%，计算复杂度减少 29.6%，推理速度提升 32.3%。表明本章提出的两种方案能够显著提升检测精度和推理速度，降低模型复杂度和计算复杂度。

表 3.4 两种方案的消融实验结果

方案 A	方案 B	AP/%	AP_{50}	AP_{75}	AP_S	AP_M	AP_L	Param/M	FLOPs/G	Infer time/ms	FPS
		48.8	67.9	52.5	29.8	53.6	62.2	69.6	157.3	13.4	74.6
✓		49.3	68.2	52.8	30.5	54.1	62.7	62.8	148.7	11.7	85.5
	✓	49.4	68.3	53.0	30.7	54.5	62.9	58.5	144.1	11.5	87.0
✓	✓	49.7	68.6	53.2	31.2	54.9	63.3	44.5	110.7	10.1	98.7

（2）对比实验

① 定量实验分析。为检验本章算法是否能在保持高性能的同时有效缩短训练周期，进行对比实验，实验结果见表 3.5。表中，Swin Tr 表示 Swin Transformer，Swin DeTr 表示 Swin Deformable Transformer。可以看出，Swin Deformable Transformer-BiPAFPN-YOLOX 比 Swin Transformer-BiPAFPN-YOLOX 的 AP、AP_S 分别高出 1.3%、1.9%，epochs 减少 55.4%，参数量、计算复杂度分别降低 44.0%、47.7%，推理速度提升 26.0%，这表明 Swin Deformable Transformer 在保持高性能的同时，有效缩短了训练周期。

表 3.5 **Swin Deformable Transformer-BiPAFPN-YOLOX**
以及其他算法在 COCO 数据集上的训练结果

算法	epochs	AP/%	AP_{50}	AP_{75}	AP_S	AP_M	AP_L	Param/M	FLOPs/G	Infer time/ms	FPS
YOLOv4	300	43.5	65.7	47.3	26.7	46.7	53.3	86.5	223.5	15.6	64.0
YOLOv5	300	44.5	63.1	—	—	—	—	21.4	51.4	11.1	90.1
DETR	500	42.0	62.4	44.2	20.5	45.8	61.1	41.4	86.9	35.7	28.0
DarkNet53-PAFPN-YOLOX	300	47.4	67.3	52.1	27.5	51.5	60.9	63.7	185.3	11.1	90.1
Swin Tr-BiPAFPN-YOLOX	350	48.4	67.8	52.6	29.3	52.6	61.8	79.4	211.8	13.7	73.0
Swin DeTr-BiPAFPN-YOLOX	156	49.7	68.6	53.2	31.2	54.9	63.3	44.5	110.7	10.1	98.7

② 定性实验分析 1。图 3.30 是 Swin Deformable Transformer-BiPAFPN-YOLOX 和 Swin Transformer-BiPAFPN-YOLOX 的收敛曲线。由表可知，Swin Deformable Transformer-BiPAFPN-YOLOX 在 156 epochs 达到收敛状态，此时其 AP 为 50%；Swin Transformer-BiPAFPN-YOLOX 在 350 epochs 才收敛，其 AP 明显低于前者；此外，还可看出，Swin Deformable Transformer-BiPAFPN-YOLOX 具有更快的收敛速度，训练过程更稳定。

为更加全面地比较本章提出的 Swin Deformable Transformer-BiPAFPN-YOLOX 和 DarkNet53-PAFPN-YOLOX 的性能，将本章算法的参数规模按照与 DarkNet53-PAFPN-YOLOX 相同的缩放规则进行扩展，得到 S、M、L、X 四种规模依次增大的网络，在 COCO 测试集上进行对比实验，结果如表 3.6 所示。表中，Swin DeTr 表示 Swin Deformable Transformer。由表可知，Swin Deformable

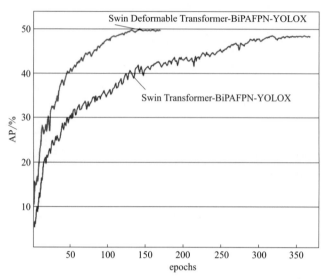

图 3.30 Swin Deformable Transformer-BiPAFPN-YOLOX 与
Swin Transformer-BiPAFPN-YOLOX 的收敛曲线图

Transformer-BiPAFPN-YOLOX 比对应规模的 DarkNet53-PAFPN-YOLOX 的
AP 和 AP_S 分别高出 5.1%、2.0%、1.8%、0.9% 和 3.2%、2.4%、1.9%、
0.7%，计算复杂度分别降低 39.2%、31.4%、7.1%、21.4%，推理速度分别
提升 20.0%、28.3%、35.8%、22.8%，这表明相比于各种参数规模的 Dark-
Net53-PAFPN-YOLOX，本章算法的精度更高，这在小尺度目标上表现也很明
显，计算复杂度更低，推理速度更快。

表 3.6　不同参数规模的算法在 COCO 测试集上的实验结果

算法	AP /%	AP_{50}	AP_{75}	AP_S	AP_M	AP_L	Param /M	FLOPs /G	Infer time /ms	FPS
DarkNet53-PAFPN-YOLOX-S	39.6	64.6	47.5	22.7	48.4	54.1	9.0	26.8	9.8	102.0
Swin DeTr-BiPAFPN-YOLOX-S	44.7	67.7	50.3	25.9	50.9	59.6	7.1	16.3	8.2	122.4
DarkNet53-PAFPN-YOLOX-M	46.4	65.4	50.6	26.3	51.0	59.9	25.3	73.8	12.3	81.3
Swin DeTr-BiPAFPN-YOLOX-M	48.4	69.3	53.7	28.7	52.4	61.2	21.2	50.6	9.6	104.3
DarkNet53-PAFPN-YOLOX-L	50.0	68.5	54.5	29.8	54.5	64.4	68.2	195.6	14.5	69.0
Swin DeTr-BiPAFPN-YOLOX-L	51.8	69.6	55.4	31.7	55.8	66.0	63.5	181.7	10.7	93.7
DarkNet53-PAFPN-YOLOX-X	51.2	69.6	55.7	31.2	56.1	66.1	99.1	286.9	17.3	57.8
Swin DeTr-BiPAFPN-YOLOX-X	52.1	70.4	57.8	31.7	56.9	66.7	85.5	225.4	14.1	71.0

　　为更客观地评估本章算法的性能，将 S、M、L、X 四种规模的算法与对
应规模的其他算法进行对比，实验结果见表 3.7。表中，粗体数字表示最优的
结果，Swin Tr 表示 Swin Transformer，Swin DeTr 表 示 Swin Deformable
Transformer。由表可知在 S 级参数规模的算法中，本章算法的 AP 和推理速度
FPS 分别超出 Swin Transformer v2 1.6%（44.7 与 43.1）、44.2%（122.0 与

表 3.7　各种目标检测算法在 COCO 测试集上的实验结果

算法	Backbone	年份	FPS	AP/%	AP_{50}	AP_{75}	AP_S	AP_M	AP_L	Param/M	FLOPs/G	Infer time/ms
YOLOv5	Modified CSPv5	2021	115.0	36.7	62.4	44.1	20.5	45.7	51.9	7.3	17.1	8.7
YOLOX	Modified CSPv5	2021	102.0	39.6	64.6	47.5	22.7	48.4	54.1	9.0	26.8	9.8
YOLOX	Swin Tr v2	2022	84.6	43.1	64.5	48.6	23.7	49.6	57.9	9.3	34.6	11.8
YOLOX	PVTv2	2022	82.7	42.8	63.9	48.4	23.3	49.0	58.1	9.7	36.8	12.1
YOLOX-S	**Swin DeTr**	**—**	**122.0**	**44.7**	**67.7**	**50.3**	**25.9**	**50.9**	**59.6**	**7.1**	**16.3**	**8.2**
YOLOv5-M	Modified CSPv5	2021	90.1	44.5	63.1	50.6	26.3	51.0	59.9	21.4	51.4	11.1
YOLOX	Modified CSPv5	2021	81.3	46.4	65.4	51.7	28.2	51.2	59.8	25.3	73.8	12.3
YOLOv4-CSP	Modified CSP	2020	73.0	47.5	66.2	51.9	28.6	51.3	59.6	26.7	94.4	13.7
YOLOX	Swin Tr v2	2022	70.1	46.6	67.1	50.8	28.9	51.6	60.1	28.1	96.2	14.3
YOLOX-M	PVTv2	2022	66.7	46.1	66.9	51.3	28.7	51.6	59.6	29.5	101.6	15.0
YOLOX-M	**Swin DeTr**	**—**	**104.3**	**48.4**	**69.3**	**53.7**	**28.9**	**52.4**	**61.2**	**21.2**	**50.6**	**9.6**
YOLOv3	Darknet-53	2021	95.2	44.3	64.6	—	—	—	—	63.0	177.3	10.5
YOLOX	Darknet-53	2021	90.1	47.4	67.3	52.1	27.5	51.5	60.9	63.7	185.3	11.1
YOLOv5-L	Modified CSPv5	2021	73.0	48.2	66.9	54.5	29.8	54.5	64.4	65.1	188.6	13.7
YOLOX-L	Modified CSPv5	2021	69.0	50.0	68.5	54.4	30.7	52.9	61.2	68.2	195.6	14.5
PP-YOLOv2	ResNet50-vd-dcn	2021	68.9	49.5	68.2	54.8	29.9	54.8	66.5	68.8	197.6	14.5
YOLOX-L	Swin Tr v2	2022	53.9	48.5	67.6	53.9	29.4	53.3	64.6	74.1	206.1	18.6
YOLOX-L	PVTv2	2022	52.7	48.1	67.8	53.2	29.7	51.7	62.8	74.7	208.4	19.0
Def DETR	ResNeXt-101	2021	50.8	49.0	68.5	53.5	31.7	51.7	62.8	76.4	209.8	19.7
YOLOX-L	**Swin DeTr**	**—**	**93.0**	**51.8**	**69.6**	**55.4**	**31.7**	**55.8**	**66.0**	**63.5**	**181.7**	**10.8**
YOLOv4	CSPDarknet-53	2020	64.0	43.5	65.7	47.3	26.7	46.7	53.3	86.5	223.5	15.6
YOLOv5-X	Modified CSPv5	2021	62.5	50.4	68.8	—	—	—	—	87.8	239.0	16.0
PP-YOLOv2	ResNet101-vd-dcn	2021	59.3	50.3	69.0	55.3	31.6	53.9	62.4	90.7	267.1	16.9
YOLOX-X	Modified CSPv5	2021	57.8	51.2	69.6	55.7	31.2	56.1	66.1	99.1	286.9	17.3
YOLOX-X	Swin Tr v2	2022	40.5	50.6	69.1	56.2	31.1	55.7	67.1	110.7	292.5	24.7
YOLOX-X	PVTv2	2022	38.8	50.1	68.9	54.6	30.4	55.9	65.2	113.4	295.7	25.8
YOLOX-X	**Swin DeTr**	**—**	**71.0**	**52.1**	**70.4**	**57.8**	**31.9**	**56.9**	**66.7**	**85.5**	**225.4**	**14.1**

84.6）；在 M 级参数规模的算法中，虽然本章算法的 AP_S 略低于 PVTv2 0.2%（28.7 与 28.9），但是本章算法的 AP 和推理速度 FPS 分别超出 PVTv2 2.3%（48.4 与 46.1）、56.4%（104.3 与 66.7），计算复杂度减少 50.2%（50.6 与 101.6）；在 L 级参数规模的算法中，虽然本章算法的 AP_L 略低于 Swin Transformer v2 0.5%（66.0 与 66.5），但是 AP、AP_{50}、AP_{75}、AP_S、AP_M 分别超出 3.3%（51.8 与 48.5）、2.0%（69.6 与 67.6）、0.6%（55.4 与 54.8）、1.8%（31.7 与 29.9）、1.0%（55.8 与 54.8），计算复杂度降低 11.8%（181.7 与 206.1），推理速度提升 72.5%（93.0 与 53.9）；在 X 级参数规模的算法中，本章算法的 AP_S 超出次优的 ResNet101-vd-dcn 0.3%（31.9 与 31.6），AP 超出其 1.8%（52.1 与 50.3），推理速度提升 19.7%（71.0 与 59.3），计算复杂度降低 15.6%（225.4 与 267.1）。这表明本章算法在检测精度、推理速度和计算复杂度方面优于最先进的目标检测算法，即使对于检测难度较大的小尺度目标，同样表现优越。

③ 定性实验分析 2。为定性地评估 Swin Deformable Transformer-BiPAFPN-YOLOX（以 Ours 表示）与 DarkNet53-PAFPN-YOLOX（以 Original 表示）的性能，将两种算法的实验结果进行可视化展示。图 3.31、图 3.32、图 3.33 分别为两种算法在多尺度、小尺度、大尺度目标上的可视化结果。由图 3.31、图 3.32 可知，本章算法对于多尺度、小尺度目标的精度更高，即使在目标异常拥挤、相互遮挡的情况下，也能表现出更优越的效果；由图 3.33 可知，原算法在目标相互遮挡的情况下有漏检（False Negative，FN）、误检（False Positive，FP）的情况，本章算法对于大尺度目标的精度更高，表现更加先进。

图 3.31　Swin Deformable Transformer-BiPAFPN-YOLOX 与 DarkNet53-PAFPN-YOLOX 在多尺度目标上的实验结果

图 3.32　Swin Deformable Transformer-BiPAFPN-YOLOX 与 DarkNet53-PAFPN-YOLOX 在小尺度目标上的实验结果

图 3.33　Swin Deformable Transformer-BiPAFPN-YOLOX 与 DarkNet53-
PAFPN-YOLOX 在大尺度目标上的实验结果

④ 定性实验分析 3。类激活映射（Class Activation Mapping，CAM）也叫作注意力图（Attention Map）或热力图，反映图像中重要目标的分类与定位得分情况。图像上重要区域被标记为高亮区域，越高亮的区域表示其得分越高，被分配的注意力权重越大，预测结果越准确。本章采用 Score-CAM 可视化 Swin Transformer-BiPAFPN-YOLOX 与 Swin Deformable Transformer-BiPAFPN-YOLOX 的热力图，图 3.34 所示为 Swin Deformable Transformer-BiPAFPN-YOLOX 与 Swin Transformer-BiPAFPN-YOLOX 算法四个阶段的热力图。图中，Swin Tr 表示 Swin Transformer，Swin DeTr 表示 Swin Deformable Transformer。由图可知，在第一阶段，相较于 Swin Transformer-BiPAFPN-YOLOX，Swin Deformable Transformer-BiPAFPN-YOLOX 的注意力有向图中重要区域转移的趋势；在第二阶段，相较于 Swin Transformer-BiPAF-PN-YOLOX，Swin Deformable Transformer-BiPAFPN-YOLOX 的高亮区域

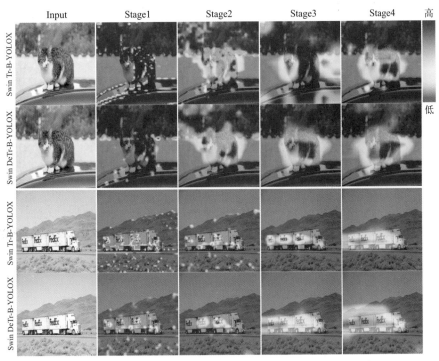

图 3.34　Swin Deformable Transformer-BiPAFPN-YOLOX 与
Swin Transformer-BiPAFPN-YOLOX 的热力图

更加集中在图像中的目标区域，表明注意力已经向图中重要的目标区域转移；在第三阶段，Swin Transformer-BiPAFPN-YOLOX 第一行的注意力独立地分布在目标的头尾，Swin Transformer-BiPAFPN-YOLOX 第三行的注意力在目标上独立地分成三块，这会造成第四阶段预测不准确；在第四阶段，相较于 Swin Transformer-BiPAFPN-YOLOX，Swin Deformable Transformer-BiPAFPN-YOLOX 的高亮区域已经将重要目标区域完全覆盖，表明注意力已经转移到重要区域，并为之分配更大的权重，预测得更加准确。实验表明，Reconstructed Deformable Self Attention 可以提高重要区域的建模能力，并增强 Swin Deformable Transformer 主干的特征提取能力，使预测的结果更加准确。

3.5 实车实验

本章实验使用智能车，并搭载视觉传感器单目相机，在芜湖市白天校园场景以及夜间道路场景的不同路况上进行实时视频目标检测，以评估本章提出的目标检测算法的实际应用性能。

3.5.1 实验设备介绍

① 视觉传感器。本章选用深圳森云智能科技有限公司的 SG2-IMX390C-5200-GMSL2-Hxxx 单目相机（图 3.35），其参数见表 2.1。如图 3.36 所示，相机安装在实验车正前方的卡槽中，使用夹紧装置进行固定，确保实验车行驶过程中相机不会发生位移。

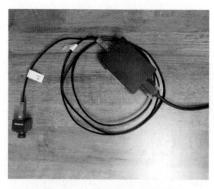

图 3.35　单目相机实物图　　　　图 3.36　单目相机的安装位置图

② 实验智能车。本章使用百度 Apollo 线控底盘作为感知系统的移动载体，在此基础上搭建实验平台，智能车实验平台如图 3.37 所示，该平台由五个模块构成：感知模块、导航模块、通信模块、计算模块、控制模块。本实验以视觉

传感器相机作为感知载体，围绕智能车的感知模块展开深入研究，评估本章提出的目标检测算法的性能，同时也为更好地实现目标检测、目标分类、实例分割以及语义分割视觉功能做铺垫。

图 3.37　智能车实验平台示意图

感知系统工作流程如下：单目相机采用外触发方式进行光信号的采集，将该数据信号传输到相机控制盒中，转换为三通道 RGB 图像格式，通过 USB3.0 的通信方式与上位机进行交互，对输出图像进行处理、检测及可视化分析。如图 3.38 所示是在上位机中设计的基于 PyQt5 的可视化界面。PyQt5 提供一组 Python 模块，使开发者可以在 Python 中创建图形用户界面（GUI）和应用程序，是实现可视化界面的理想工具，故本章的可视化界面设计基于 PyQt5 实现。点击"实时视频检测"按钮，即可进行实时视频检测。

图 3.38　上位机可视化界面示意图

3.5.2　实时检测

　　本章选择白天校园场景以及夜间道路场景进行实车实验，以评估算法的实际应用性能以及泛化能力。实车实验时，对实时视频进行抽帧，每十帧抽取一帧作为不同路段检测结果的代表。根据检测的难易程度，在白天校园内以及夜间道路上选取小尺度目标、多尺度目标、大尺度目标以及互相遮挡的目标进行全面评估以检测算法的性能，检测结果如图 3.39 以及图 3.40 所示。

　　由图 3.39、图 3.40 可知：白天校园内，对于大尺度以及多尺度的目标，实时检测效果优越，即使对于难以检测的小尺度目标以及相互遮挡的目标，本章的算法仍然可以检测成功；夜间道路上，本章算法在小尺度、多尺度、大尺度以及相互遮挡的目标上都表现优异。表明本章算法在实际应用中的精度高，泛化能力强。

(a) 小尺度目标

(b) 多尺度目标

(c) 大尺度目标

(d) 互相遮挡的目标

图 3.39 白天校园内各种实验场景的检测结果图

(a) 小尺度目标

图 3.40

(b) 多尺度目标

(c) 大尺度目标

(d) 互相遮挡的目标

图 3.40 夜间道路上各种实验场景的检测结果图

本章小结

本章提出了 Reconstructed Deformable Self Attention，基于此构建了 Swin Deformable Transformer 主干网络，实验结果表明它具有更高效的全局建模能力以及更强的特征提取能力和速度；引入了 BiPAFPN 作为 YOLOX 的颈部，实验结果显示 BiPAFPN 具有更强的特征聚合能力。在此基础上，本章提出了一种目标检测算法 Swin Deformable Transformer-BiPAFPN-YOLOX，在 COCO 数据集上的实验结果表明它的性能达到了 SOTA 水平，实车实验结果表明它在实际应用中仍具有先进的检测能力以及泛化能力。

目标检测是目标分类的延续，是实例分割以及语义分割的基础，未来将探索 Transformer 用于目标检测、实例分割、目标分类以及语义分割等多任务网络的性能。

第
4
章

基于MobileNetv2_CA-YOLOv4的环境感知技术

针对自动驾驶场景下基于候选区域和回归方法的目标检测网络复杂度高、参数数量多、小目标漏检等问题，本章介绍了一种基于 MobileNetv2 _ CA-YOLOv4 的轻量化网络目标检测算法。首先，在数据预处理阶段采用马赛克图像增强算法，增强对小目标场景和复杂场景的特征提取能力；其次，使用轻量化的 MobileNetv2 _ CA 网络作为其主干特征提取网络，其中嵌入的协调注意力机制 Coordinate Attention（CA）可以增强网络对特征提取的指向性；最后，将提取的不同尺度的特征层作为输入，在 PANet 网络中进行多尺度特征信息融合，丰富网络的特征提取。在两种不同的数据集上设计消融实验，验证不同模块对算法的贡献度，消融实验结果证明各模块对提升网络检测精度均有效果；同时，在两种不同的数据集上对构建的网络算法进行训练和测试，并将其与多种目标检测算法进行性能对比实验。

4.1 MobileNetv2_CA-YOLOv4 的轻量化目标检测算法

4.1.1 深度可分离卷积

MobileNetv2 是一种全新的轻量化网络模型，不同于压缩现有的卷积神经网络、权重剪枝、设计滤波器删除连接特征图、知识蒸馏、设计模块控制卷积总数等不改变网络本身结构的方法，其使用了新的网络设计方式，通过设计轻量化高效网络架构，减少网络本身的层数，降低网络的复杂度，并使用高效卷积方式提取特征来实现网络轻量化；其使用一种重要的卷积方式，即深度可分离卷积（Depthwise Separable Convolution），它是一种轻量化卷积操作，可以减小模型大小和计算量。区别于传统卷积操作，深度可分离卷积先使用深度卷积（Depthwise Convolution）对输入张量的每个通道（Channel）分别应用卷积核，产生一个深度卷积张量。然后使用逐点卷积（Pointwise Convolution）在深度卷积张量上应用 1×1 的卷积核，对不同通道进行组合和交互，得到最终的输出张量。其实际卷积过程如图 4.1 所示。

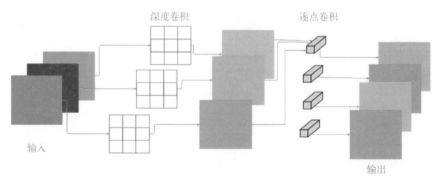

图 4.1 深度可分离卷积

从图 4.1 可知，深度可分离卷积相比于传统的卷积操作，需要的参数更少，因此卷积核的数量更少，其深度卷积和逐点卷积的计算量少于传统的卷积，这使得该模型更小，计算量更少，同时可以学习到更加丰富和复杂的特征表示，进而可以提高模型的准确率。深度可分离卷积是一种非常有效的卷积操作，可取代传统的卷积操作。为准确直观地对比不同的卷积操作过程的基本参数，将卷积过程中常见的基本参数在表 4.1 中列出，并在相同条件下分别计算两种不同卷积方式在卷积过程中所涉及的参数量。

表 4.1 卷积过程基本参数

卷积参数类型	参数类型值
输入通道数	c_1
输出通道数	c_2
卷积核大小	3×3
输入特征图大小	X
Padding 填充	0

式(4-1)是计算普通卷积方式涉及的参数量 T_1，式(4-2)是深度可分离卷积方式所涉及的参数量 T_2。

$$T_1 = c_1 \times c_2 \times 3 \times 3 = 9c_1c_2 \tag{4-1}$$

$$T_2 = c_1 \times 3 \times 3 + c_1 c_2 = 9c_1 + c_1 c_2 \tag{4-2}$$

一般 $c_2 \geqslant 9$，两者之比 $9/(9/c_2 + 1)$ 约为 9，因此，采用深度可分离卷积能使参数量大幅度下降。

普通卷积式(4-3)和深度可分离卷积式(4-4)方式涉及的计算量（不考虑偏置项）分别为：

$$S_1 = [(x-3)+1]^2 \times 9 \times c_1 \times c_2 \tag{4-3}$$

$$S_2 = [(x-3)+1]^2 \times 9 \times c_1 + [(x-3)+1]^2 \times c_1 \times c_2 \tag{4-4}$$

两者之比亦为 $9/(9/c_2 + 1)$，采用深度可分离卷积也能使计算量大幅度下降。在相同的网络结构中，深度可分离卷积的参数量和计算量只有普通卷积的 1/9 左右。普通卷积和深度可分离卷积的相同之处是都包含卷积核、BN 层与激活函数层三个部分，图 4.2(a) 和图 4.2(b) 分别是普通卷积模块和深度可分离卷积模块的结构示意图。

4.1.2 网络结构的构建

以实现目标检测网络的轻量化为目的，同时兼具较高的目标检测精度和速度，本小节提出一种基于 MobileNetv2 _ CA-YOLOv4 的轻量化网络模型，网络模型整体结构如图 4.3 所示。首先，主干特征提取网络使用轻量化 MobileNetv2_CA 网络进行初步特征提取，其中嵌入的协调注意力机制 Coordinate Attention(CA)

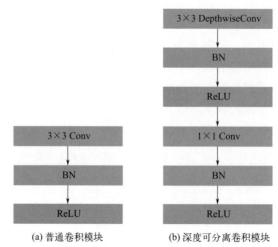

图 4.2　普通卷积模块和深度可分离卷积模块结构示意图

自适应提取通道间关系和位置信息以丰富特征提取。然后，将不同尺度的特征作为输入，在 SPP 模块中进行不同尺度的最大池化处理，分离出显著的上下文特征，并将该特征输入 PANet 网络中进一步强化特征提取并进行多尺度融合。最后，对经多次卷积处理并输入其中的三个加强特征层使用 YOLO Head 检测头进行 3×3 卷积特征整合和 1×1 卷积调整通道数处理，获取预测结果并对预测结果进行解码、得分排序与非极大值抑制筛选等处理，得到检测结果。我们构建了一个高效的、轻量化的目标检测网络，整个网络结合了轻量化卷积神经网络和协调注意力机制 CoordinateAttention（CA）以及 PANet 多尺度特征融合网络的优势。构建的目标检测网络的结构如图 4.3 所示。

为实现网络轻量化，主干特征提取网络采用 MobileNetv2 并对其进行优化，MobileNetV2 网络结构是由一系列操作步长 stride(s) 不同的 Bottleneck 层堆叠而成。这些 Bottleneck 层由一个深度可分离卷积层和两个逐点卷积层组成，对于重复的 Bottleneck 层，一般只有首层的 s 为 2，其余层均为 1。

当 stride 为 2 时，MobileNetv2Bottleneck 使用线性瓶颈结构（Linear Bottleneck Block）优化网络。特征图的通道数对卷积层的计算量具有重要影响。然而，如果仅使用通道数少的特征图，难以提取足够的特征信息。为在参数量和提取足够特征信息之间取得平衡，本节使用如图 4.4 所示结构，使用 1×1 逐点卷积对特征图进行升维，并使用 ReLU6 激活函数代替传统的 ReLU 激活函数。接着，使用 3×3 深度卷积提取特征，并再次使用 ReLU6 激活函数。最后，使用 1×1 逐点卷积将特征图降维，并使用线性激活函数。这种结构可以有效减少模型参数量，同时提高模型的表达能力。

当 stride 为 1 时，MobileNetv2 Bottleneck 使用反向残差结构（Inverted Residuals Block）优化网络，为增强轻量化主干特征提取网络 MobileNetv2 的特征提取能力，使网络自适应调整通道间关系和位置信息，提高特征提取的指向性，本章将协调注意力机制 Coordinate Attention(CA) 嵌入 Inverted Residuals Block 中。

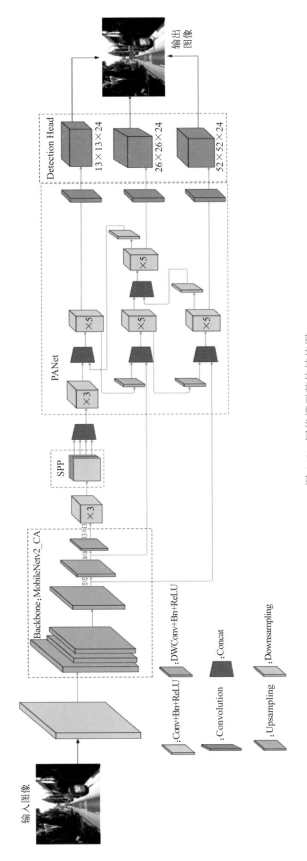

图 4.3 网络模型整体结构图

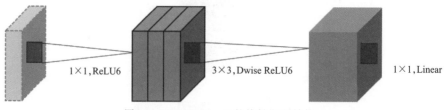

$1\times1, ReLU6$ 　　　　　　$3\times3, Dwise\ ReLU6$ 　　　　　　$1\times1, Linear$

图 4.4　MobileNetv2 的线性瓶颈结构

4.1.3　注意力机制及对比

注意力机制在深度学习中发挥着越来越重要的作用，能够在神经网络进行特征提取时发挥作用，帮助网络更好地提取有效信息并且抑制无效信息。但在轻量化的网络中，常规的注意力机制往往会给计算带来很大的计算开销，这就导致将其应用于轻量化网络反而会使效果受限，目前，轻量化注意力机制在深度学习中变得越来越流行，常见的方法包括 Squeeze-and-Excitation（SE）、BAM 和 CBAM 等。然而，SE 只是单方面地重视通道信息的权重，而对空间位置的相关信息权重不够关注，但是空间位置信息相关特征的提取在视觉任务中也是非常关键的，这就导致相关信息提取不够均衡准确。为解决这个问题，BAM 和 CBAM 相继使用在通道上以全局池化的方式去关注相关位置信息，提高其对位置特征相关信息的提取能力，一定程度上缓解对空间位置信息提取不足的问题，但这种方法只是片面引入部分位置信息，没有考虑位置信息之间的长距离依赖关系。由此协调注意力 Coordinate Attention（CA）被提出来，它将位置信息嵌入通道注意力中，使得特征提取网络可以获取更广泛的信息，而不会增加大量计算负担。

协调注意力机制 Coordinate Attention（CA）首先用两个不同的一维全局池化操作，使输入特征图分别在垂直和水平方向上准确聚合，然后将位置信息嵌入其中。这两个特征图被编码为两个注意力图，用于捕获输入特征图的远距离依赖关系。由此，位置信息保存在生成的注意力图中。最后，通过乘法将这两个注意力图应用于输入特征图，以强调关注区域的表示。在空间维度上，将水平方向和垂直方向的平均池化分别拼接，然后用 1×1 卷积去压缩通道数，之后使用批量归一化 BN 和非线性激活函数编码垂直方向和水平方向空间信息，再次使用 1×1 卷积来恢复通道数，最后将归一化权重与原始输入特征图相乘。通过这种方式，轻量化网络能够获取更大范围的信息，而不引入过多的计算开销。协调注意力机制的示意图如图 4.5 所示。

在本章中，协调注意力机制 Coordinate Attention（CA）是一种有效的注意力机制。为展示其优势，将不同的注意力机制嵌入到同一个主干网络中，并在相同的数据集上使用相同训练策略后进行测试，测试集是 VOC 测试集，使用不同注意力机制的网络的目标检测结果如图 4.6 所示。当使用相同的轻量级目标检测器 YOLOv4-tiny 时，添加协调注意力机制 CA 的网络达到 77.54% 的最高 mAP，高于 SE77.32% mAP 和 CBAM77.27% mAP。但是 CA 网络的参数量

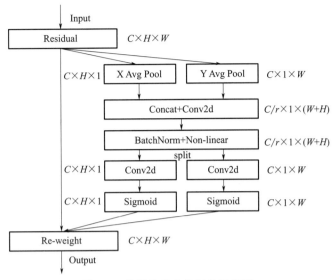

图 4.5 协调注意力机制的示意图

只有 5.983M，低于 CBAM 的 6.004M。与 SE 相比，CA 只增加了 0.02M 的参数量，但增加 0.22% 的 mAP。与其他两种注意力机制 SE 和 CBAM 相比，CA 注意力机制以少量增加参数量为代价实现最佳检测，具有很强的竞争力，因此将其嵌入到主干网络 MobileNetv2 中。

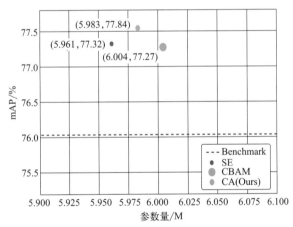

图 4.6 不同注意力机制的性能比较

4.1.4 协调注意力机制 Coordinate Attention（CA）的嵌入

在本节中，所使用的协调注意力机制 CA 位于 3×3 深度卷积和 1×1 降维逐点卷积之间，组成 Inverted Residuals_CA Block，其嵌入 Inverted Residuals Block 中的步骤为：

① 为将位置信息嵌入到通道注意力中，协调注意力机制 Coordinate Attention（CA）使用两种不同空间范围的池核对每个通道进行编码。具体地，它沿

着垂直和水平方向对输入特征图进行两次一维全局池化操作，生成两种具有位置感知性的方向特征图。当在通道中输入 x 后，分别沿水平坐标和垂直坐标两个方向对每个通道进行编码。沿垂直坐标方向对通道进行编码时，使用池核 $(h, 1)$，得到第 C 个通道在高度 h 的输出为：

$$z_C^h(h) = \frac{1}{w} \sum_{0 \leqslant i < w} x_C(h, i) \tag{4-5}$$

对应地，沿水平坐标方向对每个通道进行编码时，使用池核 $(1, w)$，得到第 C 个通道在宽度 w 的输出为：

$$z_C^w(w) = \frac{1}{h} \sum_{0 \leqslant j < h} x_C(j, w) \tag{4-6}$$

上述两种编码方式独立沿着两个不同的空间方向去聚合特征，有助于网络更准确地定位感兴趣对象。

② 启用全局接收字段，并编码精确的位置信息，结合①中式(4-5) 和式(4-6)输出的映射特征，将它们联立起来输入转换函数 f 中进行 1×1 卷积操作，由此得到：

$$f = \delta(F_1([z^h, z^w])) \tag{4-7}$$

式中，$[\ ]$ 括号内容表示沿空间维度的级联运算；δ 是非线性激活函数；$f \in \mathbb{R}^{C/r \times (h+w)}$ 是对空间信息进行水平方向和垂直方向编码的中间特征映射，r 是控制块大小的缩减率。

沿着空间维度把 f 分成两个独立的张量 $f^h \in \mathbb{R}^{C/r \times h}$ 和 $f^w \in \mathbb{R}^{C/r \times w}$。利用另两个 1×1 卷积变换 F_h 和 F_w 分别将 f^h 和 f^w 转换为具有相同通道数的张量，得到：

$$g^h = \sigma(F_h(f^h)) \tag{4-8}$$

$$g^w = \sigma(F_w(f^w)) \tag{4-9}$$

式中，σ 是 sigmoid 函数，输出 g^h 和 g^w 被扩展。坐标注意力块 y 的输出可以写成：

$$y_C(i, j) = x_C(i, j) \times g_C^h(i) \times g_C^w(j) \tag{4-10}$$

感兴趣的对象的不同元素反映在相应行和列中的出现情况，因此两个注意力映射均涵盖了目标对象的信息。

嵌入协调注意力机制 Coordinate Attention（CA）后，倒残差协调注意力模块 Inverted Residuals _ CA Block 结构如图 4.7 所示，它能够沿着两个空间方向

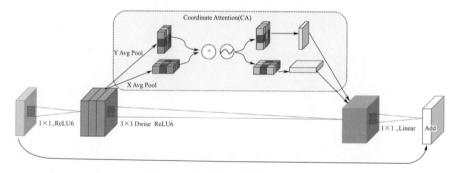

图 4.7　倒残差协调注意力模块

聚合特征，充分提取图像的特征信息。

嵌入协调注意力机制（Coordinate Attention）后，改进的 MobileNetv2 称为 MobileNetv2_CA-YOLOv4 网络，表 4.2 为改进后该网络的结构。其中，每个模块的输入尺寸为 Input，Operator 表示不同的特征层所使用的不同操作模块，扩展因子用 t 表示，它只对输入大小起作用，经过不同特征层的输出通道数用 c 表示，Bottleneck 的个数用 n 表示，不同的操作模块所使用的步长不尽相同，将其用 s 表示。

表 4.2　MobileNetv2_CA-YOLOv4 的总体结构

Input	Operator	t	c	n	s
$416^2 \times 3$	Conv 二维	—	32	1	2
$208^2 \times 32$	Bottleneck	1	16	1	1
$208^2 \times 16$	Bottleneck	6	24	2	2
$104^2 \times 24$	Bottleneck	6	32	3	2
$52^2 \times 32$	Bottleneck	6	64	4	2
$26^2 \times 64$	Bottleneck	6	96	3	1
$26^2 \times 96$	Bottleneck	6	160	3	2
$13^2 \times 160$	Bottleneck	6	320	1	1
$13^2 \times 320$	Conv 二维 1×1		1280	1	1
$7^2 \times 1280$	Avgpool 7×7	—	—	1	—
$1 \times 1 \times 1280$	Conv 二维 1×1		k	—	

通过改进的 MobileNetv2_CA-YOLOv4 主干特征提取网络自适应调整通道关系和位置信息，在网络的第七层 $s=1$ 时使用 Inverted Residuals_CA Block 提取出输出通道数 $c=32$ 的有效特征层；在网络的第十四层 $s=1$ 时使用 Inverted Residuals_CA Block 提取出输出通道数 $c=96$ 的有效特征层；在网络的第十八层 $s=1$ 时使用 Inverted Residuals_CA Block 提取出输出通道数 $c=320$ 的有效特征层。实现不同尺度特征层不同通道间信息的交互及不同方向特征的聚合，能够初步提取出具有不同特征指向性的多尺度特征，这些特征层具有不同的尺度，可提供不同的上下文信息，以实现更准确的目标检测。

主干特征提取网络从浅层网络中提取关注目标的位置信息，从深层网络中提取关注目标的语义信息。为了充分利用不同尺度特征图所包含的特征信息，将网络的第七层、第十四层和第十八层提取的不同尺度的特征信息输入 PANet 网络中进行特征融合，以获取丰富的特征信息。如图 4.8 所示，PANet 网络先将 MobileNetv2_CA-YOLOv4 主干网络第十八层 13×13 尺度所提取特征进行 Concat 张量拼接并将池化后的特征层多次卷积处理，进行上采样，与主干特征网络第十四层 26×26 尺度所提取的特征经卷积后进行 Concat 张量拼接。进一步卷积处理后，再进行一次上采样处理，与主干网络第七层 52×52 尺度经卷积处理后所提取特征进行 Concat 张量拼接，从而创造一条融合了丰富位置信息的路径。然后将主干网络第七层 52×52 尺度所提取的特征经下采样后与主干网络第十四层 26×26 尺度所提取的特征进行 Concat 张量拼接，经卷积处理后，再进行一次下采样处理，与网络第十八层 13×13 尺度所提取特征进行 Concat 张量拼接，从而创造出一条融合丰富语义信息的路径。最后，使用特征融合网络融合深层语义特征信息和浅层位置特征信息，实现不同层级特征信息的高效利用，达到特征增强的目的，同时可以最大限度地避免只使用单一深层语义特征信息和浅层位置特征信息造成的信息损失。

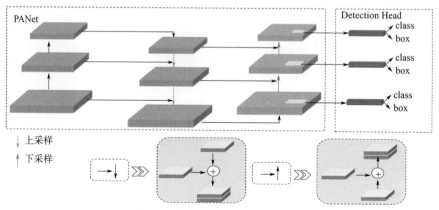

图 4.8　多尺度特征融合及预测

将充分融合的特征信息输入 YOLO Head 进行 3×3 卷积特征整合和 1×1 卷积调整通道数处理。依据不同的有效特征层提前设置先验框，网络会判断这些框内是否包含物体及其种类从而输出预测结果。对预测结果进行解码可得到预测框的中心以及尺寸，从而实现目标的定位回归。将得到的预测结果进行得分排序，取出每一类得分大于设定阈值的检测结果，利用置信度进行 NMS 非极大值抑制筛选后，即可得到目标检测结果。

4.1.5　构造网络损失函数

损失函数是评价网络训练效果的指标，本节损失函数由三部分组成：定位损失函数（$Loss_{loc}$）、置信度损失函数（$Loss_{con}$）和类别损失函数（$Loss_{cls}$）。总的损失函数为 $Loss = Loss_{loc} + Loss_{con} + Loss_{cls}$。置信度和类别的损失函数是交叉熵损失函数，定位损失函数采用 $CIoU$。$CIoU$ 损失函数可以使目标框稳定回归，同时避免对尺度变换敏感，收敛速度比 IoU 损失函数快。此时对于边界框定位损失 $Loss_{loc}$ 部分，需将 IoU 损失函数替换为 $CIoU$ 损失函数，其可以表示为：

$$CIoU = IoU - \frac{\rho^2(b, b^{gt})}{c^2} - \alpha v \tag{4-11}$$

式中，$\rho^2(b, b^{gt})$ 表示预测框和真实框中心点之间的欧氏距离；α 是权重参数；v 是衡量长宽比一致性的参数；c 代表同时包含预测框和真实框的最小矩阵区域的对角线距离。

α 和 v 的计算公式可表示为：

$$\begin{cases} \alpha = \dfrac{v}{1-IoU+v} \\[3mm] v = \dfrac{4}{\pi^2}\left(\arctan\dfrac{w^{gt}}{h^{gt}} - \arctan\dfrac{w}{h}\right)^2 \end{cases} \quad (4\text{-}12)$$

式中，w 和 w^{gt}、h 和 h^{gt} 分别代表预测框和真实框的宽和高。对应的 $CIoU$ 的损失函数 $Loss_{loc}$ 可表示为：

$$Loss_{loc} = 1 - CIoU = 1 - IoU + \frac{\rho^2(b,b^{gt})}{c^2} + \alpha v \quad (4\text{-}13)$$

预测置信度损失函数 $Loss_{con}$ 采用交叉熵损失函数进行衡量，其可表示为：

$$Loss_{con} = -\sum_{i=0}^{s^2}\sum_{j=0}^{B} I_{i,j}^{obj}\left[\widehat{C}_i^j \log(C_i^j) + (1-\widehat{C}_i^j)\log(1-C_i^j)\right] -$$

$$\lambda_{noobj}\sum_{i=0}^{s^2}\sum_{j=0}^{B} I_{i,j}^{noobj}\left[\widehat{C}_i^j \log(C_i^j) + (1-\widehat{C}_i^j)\log(1-C_i^j)\right]$$

$$(4\text{-}14)$$

式中，s^2 是特征图中网格数；B 是不同网格下包含的先验框数；$I_{i,j}^{obj}$ 和 $I_{i,j}^{noobj}$ 表示第 i 个网格的第 j 个先验框是否有目标和是否没目标，是取 1 反之取 0；λ_{noobj} 为不包含目标的先验框置信度误差权重；$\widehat{C}_i^j$ 表示真实值，由网络的边界框是否负责预测某个对象决定，负责则值为 1，反之则为 0；C_i^j 表示拟合值。

预测类别损失函数 $Loss_{cls}$ 用于衡量预测框与真实框之间的类别误差，采用交叉熵损失函数进行衡量，可表示为：

$$Loss_{cls} = -\sum_{0}^{s^2} I_{i,j}^{obj}\sum_{c\in classes}\left[\widehat{P}_i^j \log(P_i^j) + (1-\widehat{P}_i^j)\log(1-P_i^j)\right] \quad (4\text{-}15)$$

式中，P 和 $\widehat{P}$ 分别代表预测框和真实框的类别概率；c 为目标类别。

4.1.6 马赛克图像增强方法

为减少网络在特征提取过程中对设备内存的需求，增强小物体场景和复杂场景的特征提取能力，在数据预处理阶段使用了适用于本实验数据集的马赛克图像增强方法。本章通过实验确定图像的最佳缩放因子、原始图像变形比和通道变形。Scale 表示原图的缩放比例，本节设置在 0.25 到 2 之间。抖动表示原始图像的宽度和高度的失真比例，在本节中，设置抖动=0.3，这意味着失真介于 0.7/1.3（0.538）和 1.3/0.7（1.857）之间。色相 hue=0.1，饱和度 sat=0.5，明度 val=0.5，分别代表 hsv 色域中三个通道的失真，即色相（H）、饱和度（S）、明度（V）。这些超参数与图像大小、对象类别和密度有关。小物体场景和复杂场景在数据集中的分布普遍不均匀，这意味着在训练过程中小物体和复杂场景的学习总是不够充分。通过使用马赛克图像增强方法，遍历四张图像后得到多个复杂场景和小物体场景的可能性大大增加，有助于网络在训练过程中通过学习一些物体特征来准确检测小物体和复杂场景目标。测试结果如图 4.9

所示。

图 4.9（a）为小物体场景的数据增强效果，可以看出，远处的小物体已经被成功捕获。图 4.9（b）为被遮挡物体和弱光状态场景下物体的数据增强效果，可以看出，被遮挡和弱光状态下的物体被成功捕捉。图 4.9（c）显示对低照度场景中的小物体和物体使用数据增强的效果，可以看出，低照度场景中的小物体被成功地捕获。图 4.9（d）显示对包含小物体、被遮挡物体和低照度场景中物体的复杂场景使用数据增强的效果，可以看出，即使是具有多个遮挡物体的复杂场景中的物体也能成功捕捉。

(a) 小物体场景

(b) 被遮挡的物体和弱光状态场景中的物体

(c) 低照度场景下的小物体和物体

(d) 包含小物体、被遮挡物体和低照度场景中物体的复杂场景

图 4.9　不同场景测试结果图

4.2　MobileNetv2_CA-YOLOv4 目标检测算法的实验与分析

4.2.1　实验平台

测试的操作系统环境为 Windows10（64 位），本章的推理计算环境包括 4 核 Silver 4110 CPU、16 GB DDR4 内存和 GTX 2080 Ti GPU，软件环境包括 Python 3.8、CUDA 11.0 和 Pytorch 1.7.0 深度学习框架。

4.2.2 数据集介绍

本实验使用 KITTI 数据集和 VOC 数据集进行验证。具体来说，KITTI 数据集的 6000 张图像是用于训练和验证的，其余 1481 张图像是用于测试的。对于 KITTI 数据集，分为三类：汽车、行人、骑车人。将该数据集按照训练集＋验证集：测试集＝9：1 的比例划分 7481 张图片。作为训练集的图像有 5984 张，作为验证集的图像有 748 张，作为测试集的图像有 749 张。对于 VOC 数据集，主要使用其中四种：小汽车、公共汽车、摩托车和行人。将该数据集按照训练集＋验证集：测试集＝9：1 的比例划分 9963 张图片，7970 张图片作为训练集，997 张图片作为验证集，996 张图片作为测试集。表 4.3 中是 KITTI 数据集的划分情况，表 4.4 是 VOC 数据集的划分情况。

表 4.3　KITTI 数据集划分详细信息

类别	数量	汽车	骑车人	行人
训练集和验证集	6732	30005	1480	4277
测试集	749	3256	147	432

表 4.4　VOC 数据集划分详细信息

类别	数量	小汽车	公共汽车	摩托车	行人
训练集和验证集	8967	11167	1329	1522	41146
测试集	996	1201	213	325	4528

4.2.3 模型训练

为了减少网络训练的时间，将在 ImageNet 数据集上的预训练权值文件载入训练。本节在 KITTI 数据集和 VOC 数据集上分别进行了实验。具体过程为：使用 Adam 优化器在训练集上对网络进行训练，前 50 个轮次（epoch）冻结网络主干训练，仅对模型进行微调，特征提取网络主要参数不会发生改变，设置初始学习率为 10^{-3}，batch size 为 16；后 50 个轮次（epoch）解冻网络主干训练，特征提取网络发生改变，且网络所有参数均会发生改变，初始学习率为 10^{-4}，batch size 为 8，更新学习率乘法因子和权重衰减分别为 0.94 和 0.0005，IoU 阈值设置为 0.5，在验证集上评估各类别检测精度的平均值（mAP）。图 4.10 是模型训练损失函数曲线图。

图 4.10 中，横坐标表示的是模型训练的轮（epoch）数，纵坐标表示的是损失（loss）的具体数值。从图中可以看出，刚开始训练时，模型初始特征提取不足导致学习能力较差，因此模型的损失较大。随着迭代的进行，模型的训练损失和验证损失在前 50 轮（epoch）时迅速下降；在解冻主干后，特征提取网络参数会进一步改变，使得模型的特征提取能力变强，可以学习到更精确的信息，模型的训练损失和验证损失进一步下降，到 100 轮（epoch）时逐渐趋于稳

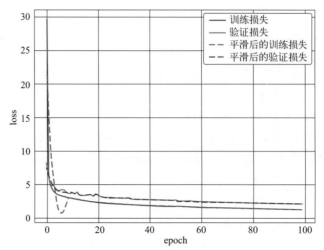

图 4.10　模型训练损失函数曲线图

定收敛，此时说明模型训练已接近完成。

4.2.4　评价指标

精度（P）和召回率（R）用于衡量目标检测算法的准确性。其中，精度是指检测到的目标中真实目标的比例，召回率是指真实目标中被检测到的比例。评价指标包括 AP（平均精度）、mAP（平均精度的平均值）等，各评价指标的计算公式如下所示：

$$P = \frac{TP}{TP+FP} \tag{4-16}$$

$$R = \frac{TP}{TP+FN} \tag{4-17}$$

$$mAP = \frac{\sum\limits_{i=1}^{k} AP_i}{k} \tag{4-18}$$

$$AP = \int_0^1 P(R)\mathrm{d}R \tag{4-19}$$

其中，在目标检测中，TP（True Positive）指的是被正确检测到的目标数量，FP（False Positive）指的是被错误地检测到的目标数量，FN（False Negative）指的是未被检测到的目标数量。

具体来说，如果一个真实目标没有被任何一个检测框检测到，则该真实目标未被检测到，检测结果中也没有对应的 TP 或 FP。

4.2.5　实验结果分析

为了验证采用马赛克图像增强方法和在轻量级骨干网 MobileNetv2 中加入

坐标注意力（CA）机制的有效性，针对不同的模块，分别在 KITTI 和 VOC 两个不同的数据集上进行消融实验。在两种不同的数据集上对不同模块进行消融实验，可以验证各个模块能否适应不同场景数据集的不同任务需求，有效验证各个模块对网络的实际贡献。

表 4.5 和表 4.6 中的 √ 表示模块的参与，是否包含不同模块如表 4.5 和表 4.6 所示。A 使用 MobileNetv2 主干网络，B 在主干网络中增加坐标注意力（CA）机制，C 在数据预处理阶段增加马赛克图像增强。为验证使用马赛克图像增强方法和采用具有协调注意力机制的轻量化主干网络是否可以提高网络检测精度，设计对比实验。

表 4.5　KITTI 数据集上的消融实验

模块	A	B	C	mAP/%	提升率/%
MobileNets-PANet	—	—	—	81.86	/
MobileNetv2-PANet	√	—	—	84.56	2.70
MobileNetv2-CA-PANet	√	√	—	84.79	2.93
MobileNetv2-CA-M-PANet	√	√	√	**85.07**	**3.21**

表 4.6　VOC 数据集上的消融实验

模块	A	B	C	mAP/%	提升率/%
MobileNets-PANet	—	—	—	79.72	/
MobileNetv2-PANet	√	—	—	80.12	0.4
MobileNetv2-CA-PANet	√	√	—	81.12	1.4
MobileNetv2-CA-M-PANet	√	√	√	**81.43**	**1.71**

分别对主干网络 Mobilenets、主干网络 MobileNetv2、在主干网络 Mobile-Netv2 中添加协同注意力（CA）机制的网络和在使用马赛克图像增强的 MobileNetv2 中添加协同注意力（CA）机制的网络进行训练，并分别在 KITTI 和 VOC 两个不同的数据集上进行评估。使用 MobileNetv2 作为主干网络后，与使用 MobileNets 主干网络相比，在 KITTI 数据集上的准确率提高 2.7%，在 VOC 数据集上提高 0.4%，但检测速度基本不变。实践证明，MobileNetv2 是一个高效、轻量级的主干网络。在 MobileNetv2 中加入注意力机制后，网络同时考虑通道和位置信息之间的关系，增强网络对方向和位置信息的敏感性，加强对重要特征的提取。在 KITTI 数据集上，网络精度进一步提高 0.23%，在 VOC 数据集上提高 1%，这些数据可以证明 CA 的贡献。在使用马赛克图像增强方法后，网络可以在正常上下文之外检测到目标，使各种目标的特征提取更加完整和连续，获得更丰富的图像特征。在 KITTI 数据集上检测精度进一步提高 0.28%，在 VOC 数据集上检测精度进一步提高 0.31%，这些数据可以证明马赛克图像增强的贡献。与以 MobileNets 为骨干的原始网络相比，KITTI 数据集上的检测精度提高 3.21%，VOC 数据集上的检测精度提高 1.71%，整体上提高了网络的泛化能力。

当前目标检测网络种类繁多，为充分验证本节设计的轻量化网络的有效性，使用多种目标检测网络进行实验，并将检测结果进行对比。选取 Faster R-CNN、YOLOv3、SSD、YOLOv4、YOLOv4-tiny、YOLOv5-l 算法在 VOC 数据集上训练后，将在测试集上挑选的与自动驾驶场景相关的类别进行单类检测精度和所有类别的平均检测精度对比。

如表 4.7 所示，本章的算法在公共汽车类上的检测精度比 Faster R-CNN 提高 0.29%，比 SSD 提高 0.76%，比 YOLOv3 提高 1.66%；摩托车类比 Faster R-CNN 高 2.22%，比 SSD 高 1.62%，比 YOLOv3 高 2.07%；行人比 Faster R-CNN 提高 0.06%，比 SSD 提高 5.31%，比 YOLOv3 提高 0.1%。在平均检测精度 mAP 上，与 Faster R-CNN 相比提高 1.15%，比 SSD 提高 3%，比 YOLOv3 提高 2.07%。与 YOLOv4 相比，本章的算法在检测精度和检测速度上相差不大，但模型的参数量几乎是 YOLOv4 的一半。与 YOLOv5-l 相比，本章的算法平均检测精度提高 6.26%。与 YOLOv4-tiny 相比，本章的算法平均检测精度提高 4.89%。

表 4.7　Pascal VOC2007＋2012 数据集检测性能

模型	$AP_{小汽车}$	$AP_{公共汽车}$	$AP_{摩托车}$	$AP_{行人}$	mAP/%
Faster R-CNN	88.71	86.69	84.81	85.37	80.28
SSD	88.37	86.22	85.41	80.12	78.43
YOLOv3	**91.54**	85.32	84.96	85.33	79.36
YOLOv4	90.61	**92.89**	82.76	87.28	81.05
YOLOv5-l	88.63	90.54	76.43	**87.96**	75.17
YOLOv4-tiny	90.76	83.42	84.03	84.34	76.54
MobileNetv2_CA-YOLOv4	91.11	86.98	**87.03**	85.43	**81.43**

为进一步验证本章的算法在自动驾驶场景中的有效性，本章将设计的算法在更具针对性的自动驾驶数据集 KITTI 上进行训练验证并测试，与 Faster R-CNN、YOLOv3、SSD、YOLOv4、YOLOv4-tiny、YOLOv5-l 在测试集上从平均类别精度、模型参数量和检测速度方面进行对比。

表 4.8 中的参数为网络的参数个数，FPS 为网络每秒处理的图像个数，表征网络的检测速度性能。从表 4.8 可以看出，本章算法的检测速度比 Faster R-CNN 提高 3.1 倍，汽车的检测精度提高 15.14%，行人的检测精度提高 18.71%，骑车人的检测精度提高 22.52%，平均检测精度（mAP）提高 18.79%，但参数量显著下降 28.8%。与 SSD 算法相比，虽然本章算法的检测速度降低，但在相同的模型参数量下，对汽车的检测精度提高了 9.57%，对行人的检测精度提高了 28.07%，对骑车人的检测精度提高了 23.22%，平均检测精度（mAP）提高了 20.23%。与 YOLOv3 算法相比，除检测速度略慢外，对汽车的检测精度略高，针对行人的检测精度提高 2.73%，针对骑车人的检测精度提高 2.75%，本章算法的平均检测精度（mAP）提高 1.84%，而参数量仅为其 63.8%，网络性能优于 YOLOv3 算法。

表 4.8　不同检测网络性能比较

模型	$AP_{汽车}$ /%	$AP_{行人}$ /%	$AP_{骑车人}$ /%	mAP /%	参数量	FPS
Faster R-CNN	80.22	53.15	65.46	66.28	136.7M	10.33
SSD	85.79	43.79	64.76	64.84	23.9M	72.36
YOLOv3	95.34	69.13	85.23	83.23	61.5M	45.03
YOLOv4	94.69	**72.05**	86.93	84.56	63.95M	34.79
YOLOv5-l	89.13	68.89	82.83	80.28	46.64M	39.51
YOLOv4-tiny	82.11	39.80	61.13	60.75	**8.879M**	**129.32**
MobileNetv2_CA-YOLOv4	**95.36**	71.86	**87.98**	**85.07**	39.1M	31.84

与 YOLOv4 相比，本章的算法对汽车的检测精度提高 0.67%，对行人的检测精度提高几乎相同，对骑车人的检测精度提高 1.05%，平均检测精度提高 0.51%。与 YOLOv5 相比，本章的算法对汽车的检测精度提高 6.23%，对行人的检测精度提高 2.97%，对骑车人的检测精度提高 5.15%，平均检测精度提高 4.79%。与 YOLOv4-tiny 相比，本章的算法平均检测精度提高 24.32%，并且本章算法更注重高检测精度和更快的检测速度的性能平衡。综上所述，本章的网络参数量显著减少，在网络轻量化的前提下，实现检测精度高的目标。

在自动驾驶场景中，汽车、骑车人以及行人是最常见的检测对象，在能够进行实时检测的基础上实现对其高精度的检测十分重要。在目标检测过程中，当网络的每秒处理图像数大于 30 时便能满足实时检测的要求。

从表 4.8 中可以看出，Faster R-CNN 网络不符合实时检测的要求，而 SSD 网络检测精度过低，不符合高精度检测的要求。YOLOv3 网络和本章 MobileNetv2_CA-YOLOv4 网络均可以实现实时高精度检测。因此，在表 4.9 中进一步将两种网络在 KITTI 验证集上进行三种不同评估标准下的检测精度比较。

表 4.9　使用 KITTI 验证集的性能比较

模型	标准	AP/% 汽车	行人	骑车人
		AP/%		
YOLOv3	Easy	83.72	68.97	89.66
	Moderate	85.51	60.52	80.57
	Hard	77.16	59.33	80.20
MobileNetv2_CA-YOLOv4	Easy	85.97	77.77	90.61
	Moderate	86.69	68.17	81.10
	Hard	78.06	60.13	81.08

注：Easy、Moderate、Hard 分别指简单、中等和困难标准下的精度。

可以看出，在三种不同的标准下，本章所提出的网络在汽车类的检测精度分别比 YOLOv3 高出 2.25%、1.38%、0.9%；在行人类的检测精度分别比 YOLOv3 高出 8.8%、7.65%、0.8%；在骑车人类的检测精度分别比 YOLOv3 高出 0.95%、0.53%、0.88%。本章算法各项检测精度均优于 YOLOv3 网络，且参数量仅有 YOLOv3 网络的 63.58%。尽管 FPS 略低于 YOLOv3 网络，这是由于在主干特征提取的过程中本章算法加入的协调注意力机制为提取丰富的特征耗费了时间；但是在能够实现实时检测 FPS 大于 30 的情况下，本章算法的检测精度更高，实现在网络轻量化的前提下，检测速度和检测精度更好的折中方案。

4.2.6　目标检测结果对比

为直观地体现本章模型的检测性能，从 KITTI 测试集中选取一些图像环境较为复杂、较难分辨的图片进行检测。图 4.11 为小目标场景。图 4.11(a) 为 Faster R-CNN 检测效果，尽管可以实现目标较准确检测，但是其检测速度过慢不符合实时检测要求。图 4.11(b) 为 SSD 检测效果，出现较严重的漏检现象，未检测出任何目标。图 4.11(c) 为 YOLOv3 检测效果，出现部分漏检的情况。图 4.11(d) 是本章算法的检测效果，能够较全面地将所出现的目标准确检测出来。

(a) Faster R-CNN检测效果

(b) SSD检测效果

(c) YOLOv3检测效果

(d) MobileNetv2_CA-YOLOv4检测效果

图 4.11　小目标场景

图 4.12 为低光照强度场景。图 4.12(a) 为 Faster R-CNN 检测效果，漏检了场景中位于右侧处于低光照环境下的车辆。图 4.12(b) 为 SSD 检测效果，对处于低光照环境的右侧车辆和属于较小目标的左侧车辆均出现了漏检。图 4.12(c) 为 YOLOv3 检测效果，尽管实现了目标的实时检测，但是其参数量较高。图 4.12(d) 为本章算法的检测效果，可以准确地将处于低光照环境下的车辆以及较小目标的车辆检测出来。

图 4.13 为复杂场景，包含小目标、遮挡、高光照强度和低光照强度等情况。图 4.13(a) 为 Faster R-CNN 检测效果，尽管可以实现目标较准确检测，但是其检测速度过慢，不符合实时检测要求。图 4.13(b) 为 SSD 检测效果，对处于低光照强度的车辆以及后方遮挡车辆均出现漏检现象。图 4.13 (c) 为

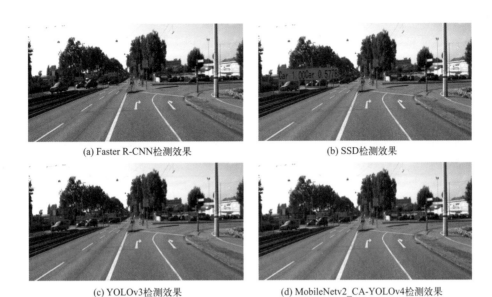

(a) Faster R-CNN检测效果　　　　　　　　(b) SSD检测效果

(c) YOLOv3检测效果　　　　　　　(d) MobileNetv2_CA-YOLOv4检测效果

图 4.12　低光照强度场景

YOLOv3 检测效果，能够较好地将目标检测出来。图 4.13(d) 为本章算法的检测效果，可以同时将处于低光照强度、高光照强度以及遮挡的目标全部正确地检测出来。

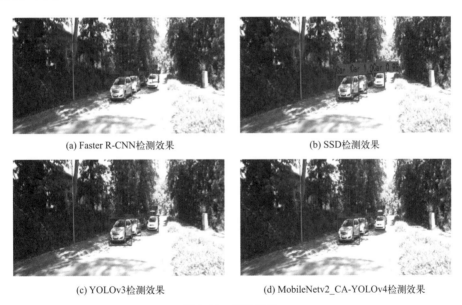

(a) Faster R-CNN检测效果　　　　　　　　(b) SSD检测效果

(c) YOLOv3检测效果　　　　　　　(d) MobileNetv2_CA-YOLOv4检测效果

图 4.13　复杂场景

综上，在不同场景下，本章算法均能快速准确地完成检测任务，因此本章提出的网络是轻量化且具有较高精度的实时目标检测网络。

图 4.14 显示不同的算法模型在 KITTI 数据集中不同场景下不同模型的热力图可视化检测结果，其中第一列显示本章算法的结果，第二列显示 YOLOv4 的结果，第三列显示 YOLOv5-l 的结果，第四列显示 YOLOv4-tiny 的结果。从

图中可以清晰地分析出，本章的算法在引入注意力机制之后，可以做到重点关注红色高亮区域，抑制其他无效特征，相比于对比算法来说，本章的算法在应对小目标以及遮挡目标时具有最好的检测效果。

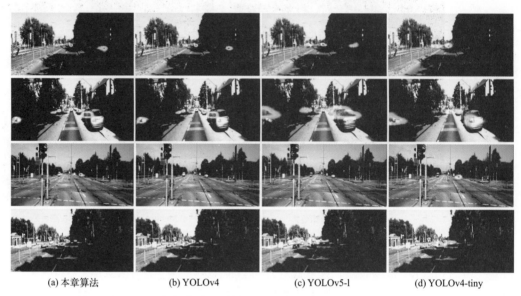

| (a) 本章算法 | (b) YOLOv4 | (c) YOLOv5-l | (d) YOLOv4-tiny |

图 4.14　KITTI 数据集中不同场景下不同模型的热力图可视化检测结果

在不同算法模型的相关性能指标中，算法各个部分的运行时间也是一个较为重要的指标，本章将不同算法的不同部分的运行时间进行对比并绘制出图 4.15。可以看出，本章的算法能够在实现轻量化和准确检测的基础上实现实时检测。

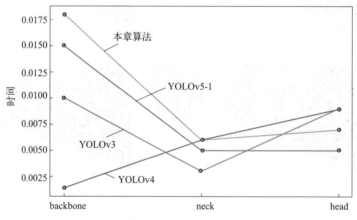

图 4.15　不同算法模型各部分运行时间对比图

为更清晰地展现本章的算法良好的性能，绘制了图 4.16，从在 KITTI 数据集上的平均检测精度 mAP、参数量 Parameters 以及检测速度 FPS 全面对比各种算法。在综合考虑参数量、平均检测精度和检测速度等网络性能后，发现本章的网络具备更好的平衡性能。

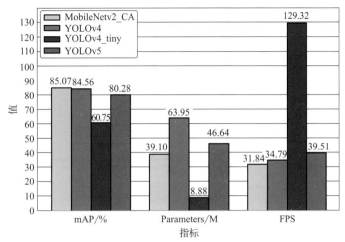

图 4.16　各种算法性能综合对比图

本章小结

　　本章基于 YOLOv4 算法和 MobileNetv2 算法构建了轻量化目标检测网络，首先在 MobileNetv2 网络的主体结构的倒残差模块中嵌入协调注意力机制 Coordinate Attention（CA）来增强其初步提取图像中所包含物体的位置信息和语义信息，抑制无效信息，并将其与多尺度特征融合网络 PANet 进行准确匹配，将初步提取的精确特征输入多尺度特征融合网络中进行不同尺度特征的进一步融合，并在训练网络的过程中使用高效数据增强策略，实现了目标检测网络的轻量化的同时，兼顾良好的检测精度和速度。

第
5
章

基于MCDVformer的多任务环境感知技术

目标检测是分类的延续，是实例分割及语义分割的基础。本章将介绍 Transformer 算法同时用于目标检测、目标分类、实例分割以及语义分割任务的性能，提出一种多任务主干网络 MCDVformer。Transformer 的稀疏注意力机制建模效果不佳，非边缘信息影响分割效果，特征提取能力差，多阶段网络特征丢失，注意力会衰减。为解决上述问题，本章开展相关研究：①利用重建可变形自注意力机制，实现更高效的全局建模；②提出基于关键点的关键点可变形自/交叉注意力机制，以细化目标边缘、提高分割能力；③提出基于编码-解码形式的特征提取器，并在其中利用关键点可变形自/交叉注意力机制，以提高特征提取能力；④构建密集残差连接结构，以实现特征重复使用以及注意力增强。最后，进行数据集实验以及实车实验，以评估模型的性能。

5.1 多任务主干 MCDVformer 介绍

5.1.1 整体结构

MCDVformer 整体结构如图 5.1 所示。Patch Partition 模块将输入图像拆分成均匀分布的图像补丁，以便于 Transformer 接收。在 Stage 1 中，Linear Patch Embedding 模块将图像补丁投影到 Swin Encoder 输入的任意维度值，这里是 $(H/4) \times (W/4) \times C$，经过基于稀疏注意力的 Swin Encoder 后，输出 $(H/4) \times (W/4) \times C$ 维度的特征。多尺度特征表示对于计算机视觉的下游任务至关重要，因此，在 Stage 2、Stage 3、Stage 4 中，使用 Patch Merging 机制生成多尺度特征。在 Stage 2、Stage 3 中，经过 Swin Deformable Encoder，分别输出维度为 $(H/8) \times (W/8) \times 2C$、$(H/16) \times (W/16) \times 4C$ 的特征。在 Stage 4 中，经过 Swin Deformable Encoder-Decoder，输出维度为 $(H/32) \times (W/32) \times 8C$ 的特征。

5.1.2 移位窗口自注意力机制

Swin Encoder 中基于移位窗口的自注意力机制（Shift Window Self Attention，Swin Self Attention）将图像划分成若干窗口，在窗口内计算自注意力，同时，建立基于移位窗口的连接，使各层窗口之间可以交互。此时，Swin Self Attention 具有全局建模能力，可以捕获更多的信息。投影所有 Swin Self Attention 的输出得到 Multi-Head Shift Self Attention（MSwinSA）。

MCDVformer 的 Stage 1 中，Swin Encoder 采用 Swin Self Attention，它会遍历整个特征图，为所有像素分配相同的注意力，因此注意力的分布是均匀的，对于图像中的目标而言，分配的注意力是稀疏的。Swin Self Attention 可以确保关注到图像中的所有信息。

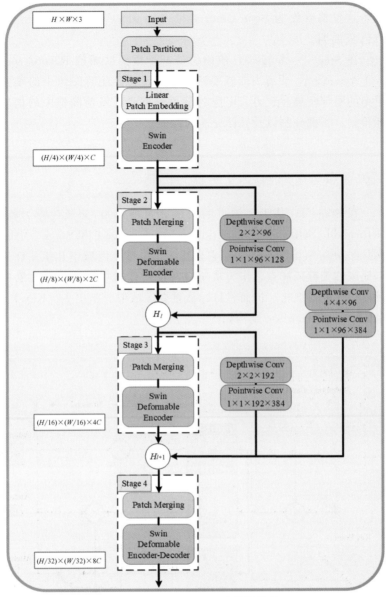

图 5.1 MCDVformer 整体结构图

5.1.3 重建可变形自注意力机制

基于重要区域的重建可变形自注意力机制（Reconstructed Deformable Self Attention）在特征图中重要区域的指导下，对图像补丁之间的关系进行建模。这些重要区域由移位采样点（Shifted Sampling Points）确定，且由于移位采样点的存在而被分配比其他区域更多的局部密集注意力，提高建模能力，更准确地捕捉重要特征。相关原理以及公式计算在 3.3 节已经说明。Swin Deformable Encoder 是基于 Reconstructed Deformable Self Attention，Swin

Deformable Encoder 的结构，见图 3.25 Swin Deformable Transformer 结构图，这里将其作为 Swin Deformable Encoder，相关原理以及公式计算在 3.3 节已经说明。

在 Stage 2、Stage 3，使用的是基于重要区域的 Reconstructed Deformable Self Attention，注意力向重要目标区域转移，此时图像中的重要目标上被分配更多的局部密集注意力，定位的是矩形重要区域检测框中的信息，可以提高目标检测、实例分割以及目标分类的性能。

5.1.4 关键点可变形自/交叉注意力机制

在 Stage 4，基于关键点的关键点可变形自/交叉注意力机制（Key Point Deformable Self/Cross Attention）不同于 Stage 2 和 Stage 3 中的 Reconstructed Deformable Self Attention，它自适应定位重要区域中几组采样位置，关注关键点周围的关键采样点，作为从所有特征图像素中提取关键元素的预过滤器，对目标边缘进行细化，进而将目标从重要区域中分割出去。Key Point Deformable Self/Cross Attention 结构如图 5.2 所示。

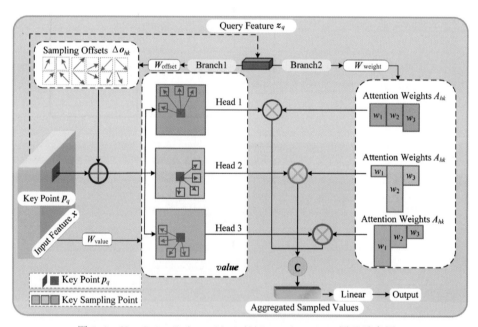

图 5.2　Key Point Deformable Self/Cross Attention 原理示意图

第一，使用 Stage 3 的输入特征生成查询特征（Query Feature）z_q 以及关键点 $p_q(p_{qx}, p_{qy})$，其中 q 是索引。

第二，z_q 被反馈给 $3MK$ 通道的线性投影算子，前 $2MK$ 通道投影算子 W_{offset} 对查询特征 z_q 进行投影得到采样偏移（Sampling Offsets）Δo_{hk}，这是支路 1（Branch 1）。参考点 p_q 获得采样偏移量 Δo_{hk} 后，得到几个关键采样点的位置。支路 1 的 *value* 由输入特征 x 利用投影算子 W_{value} 得到。同时，在支路

2（Branch 2），$\boldsymbol{z}_q$ 被剩余的 MK 通道的线性投影算子 W_{weight} 投影后得到注意力权重（Attention Weights）A_{hk}。

第三，将支路 1 中注意头（Head）上的 *value* 和支路 2 中对应的注意力权重 A_{hk} 聚合，并连接所有注意头（Head）上得到的结果，经过 Linear 后得到输出。

Key Point Deformable Self/Cross Attention（KPDS/C Attention）的计算如下：

$$\text{KPDS/C Attention}(\boldsymbol{z}_q,\boldsymbol{p}_q,\boldsymbol{x}) = \sum_{h=1}^{H} W_h \Big[\sum_{k=1}^{K} A_{hk} W_h' \boldsymbol{x}(\boldsymbol{p}_q + \Delta \boldsymbol{o}_{hk}) \Big] \qquad (5\text{-}1)$$

式中，h 索引注意头；W_h 和 W_h' 是可学习的权重；k 索引采样 *key*；A_{hk} 是第 h 个注意头上第 k 个采样点的注意力权重，A_{hk} 的取值范围是 $[0,1]$；$\Delta \boldsymbol{o}_{hk} \in \mathbb{R}^2$ 是第 h 个注意头上第 k 个关键点的采样偏移量，$\Delta \boldsymbol{o}_{hk}$ 的取值范围不受约束，所以采样 *key* $\boldsymbol{x}(\boldsymbol{p}_q + \Delta \boldsymbol{o}_{hk})$ 的取值范围也不受约束，于是可以定位目标上不同的边缘位置。

Stage 4 使用的是基于关键点的 Key Point Deformable Self/Cross Attention，这些关键点位于 Stage 2/3 已经确定的重要区域中，注意力向关键采样点转移，更加细化矩形重要区域中目标的边界以及其他细粒度特征，而这些边界以及细粒度信息对于语义分割以及实例分割而言是极其重要的，因此可以提高语义分割和实例分割的性能。

通过为每个 *query* 分配一定数量的 *key*，去覆盖图像中的几个关键点而不用遍历整个特征图，在提高建模能力的同时也提高收敛速度。将这种稀疏空间采样的 Key Point Deformable Self/Cross Attention 与具有关系建模能力的 Encoder-Decoder 结合在一起，得到 Swin Deformable Encoder-Decoder，提高对图像中目标特征的提取能力。

5. 1. 5　Swin Deformable Encoder-Decoder

为提高主干的特征提取能力，本章提出一种同时含有编码器（Encoder）与解码器（Decoder）的特征提取器——Swin Deformable Encoder-Decoder，并将其作为网络的 Stage 4，在其中使用基于关键点的 Key Point Deformable Self/Cross Attention。Encoder 是基于 Key Point Deformable Self Attention，Decoder 是基于 Self Attention 和 Key Point Deformable Cross Attention。这种具有多种 Transformer 形式的特征提取器同时使用多种注意力机制，可以提高其作为主干的特征提取能力。Swin Deformable Encoder-Decoder 的结构如图 5.3 所示。

① 编码器。Encoder 由多头关键点可变形自注意力（Multi-Head Key Point Deformable Self Attention）、前馈网络（Feed Forward Network）、层归一化（Layer Normalization，LNorm）、残差连接（Residual Connection）组成。位置编码 Deformable Relative Position Embedding 和 Embedding Patches

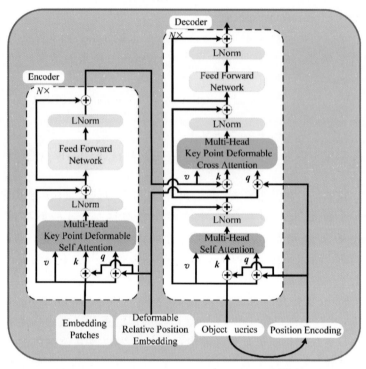

图 5.3　Swin Deformable Encoder-Decoder 结构图

添加到 Multi-Head Key Point Deformable Self Attention 的 q 和 k。然后，特征传至层归一化、前馈网络。前馈网络可以使编码器类似于注意力增强卷积网络。

②解码器。Decoder 由多头自注意力机制（Multi-Head Self Attention）、层归一化、多头关键点可变形交叉注意力机制（Multi-Head Key Point Deformable Cross Attention）、前馈网络、三个残差连接组成。解码器的输入来源有两个：一个是 Encoder 的输出，另一个是目标查询（Object Queries）。目标查询从输入中提取特征，同时，目标查询也作为可学习的位置编码。首先，目标查询和位置编码（Position Encoding）添加到 Multi-Head Self Attention 的 k 和 q 上；然后，经过层归一化后的特征，和位置编码一起传至多头关键点可变形交叉注意力（Multi-Head Key Point Deformable Cross Attention）的 q 上；同时，Encoder 的输出连同 Deformable Relative Position Embedding 一起添加到 Multi-Head Key Point Deformable Cross-Attention 的 k 上；最后，特征经过层归一化、前馈网络后被解码器输出。

MCDVformer 的计算成本是 Multi-Head Swin Self Attention（MSwinSA）、Multi-Head Reconstructed Deformable Self Attention（MRDSA）与 Multi-Head Key Point Deformable Self-Cross Attention（MKPDS/CA）之和：

$$\Omega(\text{Attention}) = 7HWC^2 + 2HWP_HP_WC + 2P_HP_WC^2 + \tag{5-2}$$
$$(k^2 + 2)P_HP_WC + 2M^2HWC + N_qKC^2$$

式中，H、W、C 分别是特征图的高、宽、通道数；$P_H P_W$ 是补丁数；M^2 是窗口中的图像补丁数；K、N_q 分别是 MKPDS/CA 的采样点和目标查询的数量。可知 $\Omega(\text{Attention})$ 与图像尺寸呈一次线性关系，所以 MCDVformer 适用于密集预测以及需要输入高分辨率图像的视觉任务。

5.1.6　密集残差连接

信息在四个阶段传递过程中会有损失，并且 Stage 2、Stage 3、Stage 4 在特征采样的过程中会有注意力衰减。为解决上述问题，本章在 Stage 1 与 Stage 4 之间创建密集残差连接（Dense Residual Connections），其结构如图 5.4 所示。密集残差连接延续 ResNet 的思想，即创建接近输入层和输出层之间的捷径，每一层都能直接接收到来自之前所有层的原始特征。这种重复使用原始特征的方法，可以增强注意力，减少信息损失。

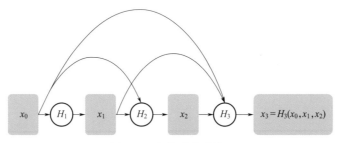

图 5.4　密集残差连接

密集残差连接以前馈的方式将每一个低层直接连接到它后面所有的高层，因此 l 层直接接收到之前所有层的特征 $x_0, \cdots, x_{l-1}$ 作为输入：

$$x_l = H_l([x_0, \cdots, x_{l-1}]) \tag{5-3}$$

式中，$H_l(\cdot)$ 为 BN-ReLU-Conv 的复合；$[x_0, \cdots, x_{l-1}]$ 表示 $0, \cdots, l-1$ 层的特征的串联。通过密集残差连接的方式组合特征，使层间的信息流达到最大，传递到顶层的特征携带大量的图像细节，减少信息损失，解决了梯度弥散的问题。式(5-1) 的实现要求各阶段的特征维度相同，因此，本章在图 5.1 的支路中使用深度可分离卷积将特征变换到相同的维度。

在第一阶段使用 Shift Window Self Attention，此时的注意力在整个图像上是均匀分布的，因此，对于图中目标而言分配的注意力是稀疏的，Shift Window Self Attention 可以确保关注到图像中的所有信息。在第二、三阶段使用的是基于重要区域的 Reconstructed Deformable Self Attention，注意力向矩形的重要区域转移，重要区域中的目标上被分配更多的局部密集注意力，定位的是矩形区域中的目标，可以提高检测与分类的性能。图 5.5(a) 表示重建可变形自注意力机制转移前，浅蓝色点表示补丁网格点。图 5.5(b) 表示其转移后，白色点表示移位采样点。重要区域是矩形的，而其中目标的形状是不规则的，重要

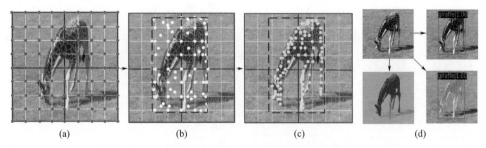

图 5.5　注意力机制的转移过程以及结果展示

区域的面积大于目标面积，包含许多非目标特征，因此，第四阶段使用基于关键点的 Key Point Deformable Self/Cross Attention，这些关键点位于第二、三阶段的重要区域中，关键采样点位于目标上，因此注意力向目标边缘转移，更加细化目标的边界以及其他细粒度特征，而这些边界以及细粒度信息对于语义分割以及实例分割而言极其重要，因此可以提高语义分割和实例分割的性能。图 5.5(c) 表示关键点可变形自/交叉注意力机制转移后，黄色点表示关键采样点，向目标边缘以及目标上转移。因此，注意力机制从整个图像，转移到重要区域，再转移到具体目标。图 5.5(d) 表示得到的目标检测与分类、实例分割、语义分割结果。

5.2　目标检测实验

5.2.1　数据集与评价标准

目标检测实验使用的 COCO2017 数据集和评价标准与第 3 章介绍的完全相同，这里不再赘述。

5.2.2　训练策略

将 MCDVformer 作为 RetinaNet 框架的主干网络，以评估 MCDVformer 用于目标检测任务的性能。在 ImageNet-1K 数据集上预训练 MCDVformer 进行初始化，然后在 COCO 训练集上训练。采用多尺度训练策略、soft-NMS 以及 AdamW optimizer。将初始学习率设为 2×10^{-4}，权重衰减参数设为 0.05，批大小设为 16，$5 \times$ 的训练 schedule 训练 60 个 epochs，学习率在 51 epochs 和 57 epochs 以 0.1 的倍率衰减。本节实验基于 MMDetection 实现。

本章设计一系列不同参数规模的 MCDVformer 模型，即 MCDVformer-Tiny（T）、MCDVformer-Small（S）、MCDVformer-Medium（M）以及

MCDVformer-Large（L），并与其他对应参数规模的模型进行对比，以更加全面地评估 MCDVformer 的性能。5.3 节、5.4 节、5.5 节、5.6 节的实验平台设置与第 3 章相同。

5.2.3 定量实验分析

表 5.1 是各种主干在 RetinaNet 目标检测框架下的实验结果，表中，AP_s^{box}、AP_m^{box}、AP_l^{box} 分别表示小尺度、中尺度、大尺度目标的检测框平均精度，加粗数字表示最优结果。

在 T 级，虽然 MCDVformer-T 的 AP_{50}^{box} 比 PVT-T 低 0.2%（56.7 与 56.9），但是 MCDVformer-T 的计算复杂度比 PVT-T 降低 7.5%（127.5 与 137.8），MCDVformer-T 的 AP^{box} 比 PVT-T、ResNet18 分别高出 1.5%、6.4%（38.2 与 36.7，38.2 与 31.8），MCDVformer-T 的 AP_s^{box} 比 PVT-T、ResNet18 分别高出 2.3%、8.6%（24.9 与 22.6，24.9 与 16.3），推理速度 FPS 分别高出 46.2%、7.7%（116.5 与 79.7，116.5 与 108.2）。

在 S 级，虽然 MCDVformer-S 的 AP_l^{box} 比 DAT-S 低 0.4%（57.4 与 57.8），但是 MCDVformer-S 的 AP^{box} 比 Swin-S、DAT-S 分别高出 2.8%、1.7%（44.5 与 41.7，44.5 与 42.8），MCDVformer-S 的 AP_s^{box} 比 Swin-S、DAT-S 分别高出 3.2%、1.6%（30.2 与 27.0，30.2 与 28.6），推理速度 FPS 分别高出 44.3%、31.9%（104.9 与 72.7，104.9 与 79.5），计算复杂度分别降低 4.1%、5.8%（238.6 与 248.9，238.6 与 253.3），MCDVformer-S 的 AP^{box} 比 ResNet50 高出 8.2%（44.5 与 36.3），推理速度 FPS 高出 6.9%（104.9 与 98.1），计算复杂度降低 2.7%（238.6 与 245.1）。

表 5.1　COCO2017 测试集上目标检测实验结果

Backbone	年份	Param /M	RetinaNet						FLOPs /G	Infer time /ms	FPS
			AP^{box}	AP_{50}^{box}	AP_{75}^{box}	AP_s^{box}	AP_m^{box}	AP_l^{box}			
ResNet18	2016	21.3	31.8	49.6	33.6	16.3	34.3	43.2	**125.6**	9.2	108.2
PVT-T	2021	23.0	36.7	**56.9**	38.9	22.6	38.8	50.0	137.8	12.5	79.7
MCDVformer-T	—	22.6	**38.2**	56.7	**40.1**	**24.9**	**41.3**	**51.7**	127.5	**8.6**	**116.5**
ResNet50	2016	37.7	36.3	55.3	38.6	19.3	40.0	48.8	245.1	10.2	98.1
PVT-S	2021	34.2	40.4	61.3	43.0	25.0	42.9	55.7	286.4	14.0	71.4
Swin-S	2022	38.6	41.7	63.1	44.3	27.0	45.3	54.7	248.9	13.8	72.7

Backbone	年份	Param /M	RetinaNet						FLOPs /G	Infer time /ms	FPS
			AP^{box}	AP^{box}_{50}	AP^{box}_{75}	AP^{box}_{s}	AP^{box}_{m}	AP^{box}_{l}			
DAT-S	2022	38.4	42.8	64.4	45.2	28.6	45.8	**57.8**	253.3	12.6	79.5
MCDVformer-S	—	36.4	**44.5**	**65.5**	**46.7**	**30.2**	**46.6**	57.4	**238.6**	**9.5**	**104.9**
ResNet101	2016	56.7	38.5	57.8	41.2	21.4	42.6	51.1	327.2	11.2	89.4
ResNeXt101-32x4d	2017	56.4	39.9	59.6	42.7	22.3	44.2	52.5	325.9	**10.8**	**92.7**
PVT-M	2021	53.9	41.9	63.1	44.3	25.0	44.9	57.6	341.5	16.0	62.6
Swin-M	2022	60.6	44.5	66.1	47.4	29.8	48.5	59.1	339.6	15.4	64.8
DAT-M	2022	60.3	45.7	67.7	48.5	30.5	49.3	61.3	359.1	14.9	67.3
MCDVformer-M	—	55.8	**47.9**	**69.6**	**49.7**	**32.6**	**50.4**	**61.9**	**319.3**	11.0	90.6

在 M 级，MCDVformer-M 的 AP^{box} 比 Swin-M、DAT-M、PVT-M 分别高出 3.4%、2.2%、6.0%（47.9 与 44.5，47.9 与 45.7，47.9 与 41.9），MCDVformer-M 的 AP^{box}_{s} 比 Swin-M、DAT-M、PVT-M 分别高出 2.8%、2.1%、7.6%（32.6 与 29.8，32.6 与 30.5，32.6 与 25.0），推理速度 FPS 分别高出 39.8%、34.6%、44.7%（90.6 与 64.8，90.6 与 67.3，90.6 与 62.6），计算复杂度分别降低 6.0%、11.1%、6.5%（319.3 与 339.6，319.3 与 359.1，319.3 与 341.5）。虽然 MCDVformer-M 的推理速度 FPS 比 ResNeXt101-32x4d 略低 2.3%（90.6 与 92.7），但 MCDVformer-M 的 AP^{box} 比 ResNeXt101-32x4d 高出 8.0%（47.9 与 39.9），AP^{box}_{s} 高出 10.3%（32.6 与 22.3），计算复杂度降低 2.0%（319.3 与 325.9）。

综上所述，在三种参数规模的网络模型下，相比基于 CNN 的主干以及其他 Transformer 的主干，MCDVformer 的检测精度更高，即使是检测难度较大的小尺度目标也表现出很高的精度，推理速度更快，计算成本更低，检测效果达到 SOTA 水平。

5.2.4　定性实验分析

图 5.6 是 MCDVformer 在 COCO 2017 测试集上的可视化结果。在大尺度的检测图像中，DAT 中卡车上出现多个检测框，将一辆车预测成多辆，预测错误；Swin 中出现假阳性。在中尺度和小尺度的检测图像中，DAT 和 Swin 均出现因遮挡和尺度小造成的车辆和人漏检的情况。MCDVformer 解决了上述问题。

图 5.6　COCO 2017 测试集上目标检测实验结果图

5.3　实例分割实验

5.3.1　数据集、训练策略与评价指标

在评价标准方面，AP^{mask} 表示掩码平均精度，其他评价标准、数据集以及训练策略与 5.3 节目标检测相同。将 MCDVformer 作为 Cascade Mask R-CNN 框架的主干，以评估 MCDVformer 用于实例分割的性能。

5.3.2　定量实验分析

表 5.2 是各种主干在 Cascade Mask R-CNN 实例分割框架下的实验结果，表中，AP^{mask}_s 、AP^{mask}_m 、AP^{mask}_l 分别表示小、中、大尺度目标上的平均掩码精度，加粗数字表示最优结果。

在 T 级，MCDVformer-T 的 AP^{mask} 比 ResNet50、Swin-T、DAT-T 分别高出 6.7%、3.1%、2.3%（46.8 与 40.1、46.8 与 43.7、46.8 与 44.5），MCDVformer-T 的推理速度 FPS 比 ResNet50、Swin-T、DAT-T 分别高出 27.2%、49.7%、51.7%（22.9 与 18.0、22.9 与 15.3、22.9 与 15.1），MCDVformer-T 的计算复杂度比 ResNet50、Swin-T、DAT-T 分别高出 0.2%、1.0%、1.7%（737.7 与 739.3、737.7 与 745.2、737.7 与 750.6）。

表 5.2　COCO 2017 测试集上实例分割实验结果

Backbone	年份	Param /M	Cascade Mask R-CNN						FLOPs /G	Infer time /ms	FPS
			AP^{mask}	AP^{mask}_{50}	AP^{mask}_{75}	AP^{mask}_{s}	AP^{mask}_{m}	AP^{mask}_{l}			
ResNet50	2016	82.3	40.1	61.7	43.4	—	—	—	739.3	55.6	18.0
DeiT-S†	2020	80.1	41.4	64.2	44.3	—	—	—	889.5	96.2	10.4
Swin-T	2022	86.8	43.7	66.6	47.3	27.3	47.5	59.0	745.2	65.4	15.3
DAT-T	2022	86.5	44.5	67.5	48.1	27.9	47.9	60.3	750.6	66.2	15.1
MCDVformer-T	—	80.6	**46.8**	**68.4**	**49.5**	**29.8**	**48.8**	**60.6**	**737.7**	**43.7**	**22.9**
ResNetX101-32	2017	101.7	41.6	63.9	45.2	—	—	—	**819.4**	78.1	12.8
Swin-S	2022	107.2	45.0	68.2	48.8	28.8	48.7	60.6	838.0	83.3	12.0
DAT-S	2022	106.9	45.5	69.1	49.3	30.2	49.2	60.9	857.9	87.7	11.4
MCDVformer-S	—	103.3	**47.7**	**70.9**	**51.3**	**31.7**	**51.0**	**61.4**	821.7	**65.4**	**15.3**
ResNetX101-64	2017	140.5	41.7	64.0	45.1	—	—	—	972.8	96.2	10.4
Swin-M	2022	145.2	45.0	68.1	48.9	28.9	48.3	60.4	982.3	86.2	11.6
DAT-M	2022	145.7	45.8	69.3	49.5	29.2	49.5	**61.9**	1003.5	99.0	10.1
MCDVformer-M	—	133.8	**48.5**	**71.6**	**52.4**	**32.9**	**51.7**	61.6	**929.2**	**78.7**	**12.7**

在 S 级，MCDVformer-S 的 AP^{mask} 比 ResNetX101-32、Swin-S、DAT-S 分别高出 6.1%、2.7%、2.2%（47.7 与 41.6、47.7 与 45.0、47.7 与 45.5），MCDVformer-S 的推理速度 FPS 比 ResNetX101-32、Swin-S、DAT-S 分别高出 19.5%、27.5%、34.2%（15.3 与 12.8、15.3 与 12.0、15.3 与 11.4），MCDVformer-S 的计算复杂度比 ResNetX101-32 高 0.2%（821.7 与 819.4）。

在 M 级，MCDVformer-M 的 AP^{mask}_{l} 比 DAT-M 低 0.3%（61.6 与 61.9），MCDVformer-M 的 AP^{mask} 比 ResNetX101-64、Swin-M、DAT-M 分别高出 6.8%、3.5%、2.7%（48.5 与 41.7、48.5 与 45.0、48.5 与 45.8），MCDVformer-M 的推理速度 FPS 比 ResNetX101-64、Swin-M、DAT-M 分别高出 22.1%、9.5%、25.7%（12.7 与 10.4、12.7 与 11.6、12.7 与 10.1），MCDVformer-M 的计算复杂度比 ResNetX101-64、Swin-M、DAT-M 分别降低 4.5%、5.4%、7.4%（929.2 与 972.8、929.2 与 982.3、929.2 与 1003.5）。

与基于 CNN 和 Transformer 的方法相比，在三种参数规模的网络模型下，MCDVformer 的实例分割效果更加优越，计算复杂度更低，推理速度更快。

5.3.3 定性实验分析

为定性评估 MCDVformer 在 COCO 2017 测试集上的实例分割性能，将 MCDV-former 在大尺度、多尺度和小尺度物体上的实验结果可视化，结果如图 5.7 所示。在大尺度的图像中，DAT 和 Swin 中的公共汽车分割缺失。在中尺度的图像中，DAT 和 Swin 漏分割被遮挡的车辆以及小尺度的交通灯。在小尺度的图像中，DAT 和 Swin 漏分割远处小尺度车辆和行人。MCDVformer 解决了上述问题。

图 5.7 COCO 2017 测试集上实例分割的实验结果图

5.4 **目标分类实验**

5.4.1 数据集以及评价指标

本节使用 ImageNet-1K 数据集，它是一种大型的目标分类数据集，共有 1000 个类别，训练集包含 1.28MB 图片，验证集包含 50kB 图片。在训练集上训练，在验证集上验证准确率，并与其他算法进行比较。

Top-1 Accuracy（准确率）是指在分类问题中，模型正确预测出样本所属类别的比例。在计算准确率时，对于每个样本，模型会输出一个预测结果，而真实标签只有一个，因此只考虑模型预测结果中排名第一的类别是否与真实标签相同。

Throughput（吞吐速度）用于描述一个模型在单位时间内能够处理的数据量。这里是指每秒处理的图片数量，用于衡量一个模型的性能和效率。

5.4.2 训练策略

本节使用 AdamW 优化器以及余弦衰减学习率，共进行 200 epochs 的训练。批大小设为 1024，初始学习率设为 2×10^{-3}，权重衰减系数设为 0.05。为稳定训练过程，进行 24 epochs 的线性预热，其间学习率从 2×10^{-6} 增长到初始学习率 2×10^{-3}，同时，为优化训练过程，在训练过程中使用余弦衰减规则将学习率衰减到 2×10^{-7}。采用 DeiT 高级数据增强策略，包括随机深度等，采用递增的随机深度增强，即 MCDVformer T、MCDVformer-S、MCDVformer-M 和 MCDVformer-L 分别为 0.2、0.3、0.5 和 0.6。

5.4.3 定量实验分析

表 5.3 是各种主干网络在 ImageNet-1K 验证集上目标分类的实验结果，表中加粗数字表示最优结果。

表 5.3　ImageNet-1K 验证集上目标分类的实验结果

算法	年份	Param /M	Top-1Acc /%	FLOPs /G	Throughput /(image/s)
ResNet18	2016	11.7	68.5	1.8	**4458.4**
DeiT-T/16	2020	5.7	72.2	1.3	2536.5
PVT-T	2022	13.2	75.1	1.9	2694.7
MCDVformer-T	—	9.8	**77.8**	**1.2**	3988.6
ResNet50	2016	25.6	78.5	**4.1**	1226.1
PVT-S	2022	24.5	79.8	3.8	729.6
DeiT-S	2020	22.1	79.8	4.6	940.4
Swin-S	2022	29.2	81.3	4.5	755.2
DAT-S	2022	29.5	82.0	4.6	958.3
MCDVformer-S	—	22.4	**83.6**	4.2	**1237.5**
ResNet101	2016	44.7	79.8	7.9	753.6

算法	年份	Param /M	Top-1Acc /%	FLOPs /G	Throughput /(image/s)
ViT-S/16	2021	48.8	80.8	9.9	—
PVT-M	2022	44.2	81.2	6.7	419.1
Swin-M	2022	50.3	83.0	8.7	436.9
DAT-M	2022	50.6	83.7	9.0	545.8
MCDVformer-M	—	41.3	**84.9**	**6.4**	**799.2**
ResNeXt101-64x4d	2017	83.5	81.5	15.6	—
PVT-L	2022	61.4	81.7	**9.8**	265.5
DeiT-Base	2020	86.6	81.8	17.5	292.3
Swin-L	2022	88.6	83.5	15.4	278.1
DAT-L	2022	88.3	84.0	15.8	280.6
MCDVformer-L	—	79.4	**86.1**	14.5	**310.4**

在 T 级，虽然 MCDVformer-T 的吞吐速度比 ResNet18 低 10.5%（3988.6 与 4458.4），但是 MCDVformer-T 的 Top-1 Acc 比 ResNet18、DeiT-T/16、PVT-T 分别高出 9.3%、6.6%、2.7%（77.8 与 68.5，77.8 与 72.2，77.8 与 75.1），计算复杂度分别降低 33.3%、7.7%、36.8%（1.2 与 1.8，1.2 与 1.3，1.2 与 1.9）。

在 S 级，虽然 MCDVformer-S 比 ResNet50 的计算复杂度低 2.4%（4.2 与 4.1），但是其 Top-1 Acc 比 ResNet50、Swin-S、DAT-S 分别高出 5.1%、2.3%、1.6%（83.6 与 78.5，83.6 与 81.3，83.6 与 82.0），吞吐速度分别提高 0.9%、63.9%、29.1%（1237.5 与 1226.1，1237.5 与 755.2，1237.5 与 958.3）。

在 M 级，MCDVformer-M 的 Top-1 Acc 比 ResNet101、PVT-M、DAT-M 分别高出 5.1%、3.7%、1.2%（84.9 与 79.8，84.9 与 81.2，84.9 与 83.7），计算复杂度分别降低 19.0%、4.5%、28.9%（6.4 与 7.9，6.4 与 6.7，6.4 与 9.0），吞吐速度分别提高 6.1%、90.7%、46.4%（799.2 与 753.6，799.2 与 419.1，799.2 与 545.8）。

在 L 级，虽然 MCDVformer-L 比 PVT-L 的计算复杂度高出 48.0%（14.5 与 9.8），但是其 Top-1 Acc 比 PVT-L、DeiT-Base、Swin-L 分别高出 4.4%、4.3%、2.6%（86.1 与 81.7，86.1 与 81.8，86.1 与 83.5），吞吐速度分别提高 16.9%、6.2%、11.6%（310.4 与 265.5，310.4 与 292.3，310.4 与 278.1）。

与其他最先进的基于 CNN 和 Transformer 的算法相比，MCDVformer 在 Top-1 Acc 上取得显著改进，计算复杂度更低，吞吐速度更快。

5.5 语义分割实验

5.5.1 数据集与评价指标

本章使用 ADE20K 数据集进行语义分割实验，ADE20K 是一个广泛使用的语义分割数据集，涵盖 150 个语义类别。ADE20K 共有 25000 张图像，其训练集有 20000 张，验证集有 2000 张，测试集有 3000 张。

mIoU（mean Intersection over Union）是用于衡量语义分割算法精度的常用指标。在语义分割任务中，模型需要将输入图像中的每个像素分配到其对应的语义类别中。对于每个语义类别，通过计算其预测结果与真实标签的交集和并集，将它们的比值称为该类别的 IoU。mIoU 是所有类别 IoU 的平均值，其计算方式为将所有类别的交集之和除以所有类别的并集之和。

5.5.2 训练策略

在语义分割任务中，本章使用 UperNet 和 SemanticFPN（S-FPN）作为各种主干的基准框架，使用 AdamW 优化器，初始学习率设为 5×10^{-5}，权重衰减参数设为 0.01，batch size 设为 16，使用线性学习率衰减计划，进行 1100 次迭代的线性预热，共迭代训练 120000 次，采用 MMSegmentation 中默认设置的随机水平翻转、[0.5，2.0] 比率范围的随机缩放和随机光度失真的数据增强策略，分别为 MCDVformer 四种参数规模的算法设置 0.2、0.3、0.5 和 0.6 的随机深度。使用 MMSegmentation 目标检测工具库，其他实验平台设置与第 3 章相同。

5.5.3 定量实验分析

表 5.4 是各种主干在 ADE20K 数据集上语义分割的实验结果，表中加粗数字表示最优结果。

在 S-FPN 框架下，T 级时，MCDVformer 的 mIoU 比 PVT 和 DAT 分别高出 2.5%、1.9%（44.5 与 42.0、44.5 与 42.6），推理速度分别高出 18.5%、22.3%（42.3 与 35.7、42.3 与 34.6），计算复杂度分别降低 14.9%、3.6%（191.5 与 225.0、191.5 与 198.6）。S 级时，MCDVformer-S 比 PVT-S、DAT-S 的 mIoU 分别高出 3.8%、0.6%（46.7 与 42.9、46.7 与 46.1），计算复杂度分别降低 1.1%、2.6%（312.3 与 315.9、312.3 与 320.7），推理速度分别提高 28.2%、15.3%（30.9 与 24.1、30.9 与 26.8）。M 级时，虽然 MCDVformer-M 的推理速度 FPS 比 DAT-M 低 18.5%（15.4 与 18.9），但 MCDVformer-M 的

mIoU 比 PVT-M、DAT-M 分别高出 4.8%、1.3%（48.3 与 43.5、48.3 与 47.0），计算复杂度分别降低 0.5%、13.0%（418.6 与 420.5、418.6 与 481.3）。

在 UperNet 框架下，T 级时，MCDVformer-T 比 Swin-T、DAT-T 的 mIoU 分别高出 1.7%、2.3%（47.8 与 46.1、47.8 与 45.5），推理速度分别高出 50.3%、36.3%（27.8 与 18.5、27.8 与 20.4），计算复杂度分别降低 0.1%、2.2%（939.5 与 945.7、939.5 与 957.1）。S 级时，虽然 MCDVformer-S 的推理速度 FPS 比 ResNet-101 低 3.4%（19.4 与 20.1），但是其 mIoU 比 ResNet-101、Swin-S、DAT-S 分别高出 4.8%、0.4%、1.4%（49.7 与 44.9、49.7 与 49.3、49.7 与 48.3），计算复杂度分别降低 3.2%、4.1%、7.8%（995.8 与 1029.2、995.8 与 1038.5、995.8 与 1079.6）。M 级时，MCDVformer-M 比 Swin-M、DAT-M 的 mIoU 分别高出 1.5%、1.7%（53.1 与 51.6、53.1 与 51.4），推理速度分别高出 40.2%、54.4%（12.2 与 8.7、12.2 与 7.9），计算复杂度分别降低 7.8%、11.3%（1697.4 与 1841.0、1697.4 与 1912.7）。L 级时，MCDV-former-L 的 mIoU 比 Swin-L 高出 1.9%（55.4 与 53.5），推理速度高出 24.2%（7.7 与 6.2），计算复杂度降低 0.6%（3211.3 与 3230.0）。

表 5.4　ADE20K 数据集上语义分割的实验结果

框架	年份	Backbone	Param /M	mIoU /%	FLOPs /G	Infer time /ms	FPS
S-FPN	2022	PVT-T	28.2	42.0	225.0	28.0	35.7
S-FPN	2022	DAT-T	32.5	42.6	198.6	28.9	34.6
S-FPN	—	MCDVformer-T	27.6	**44.5**	**191.5**	**23.6**	**42.3**
S-FPN	2022	PVT-S	48.1	42.9	315.9	41.5	24.1
S-FPN	2022	DAT-S	53.4	46.1	320.7	37.3	26.8
S-FPN		MCDVformer-S	45.5	**46.7**	**312.3**	**32.4**	**30.9**
S-FPN	2022	PVT-M	65.8	43.5	420.5	61.0	16.4
S-FPN	2022	DAT-M	92.6	47.0	481.3	**52.9**	**18.9**
S-FPN	—	MCDVformer-M	59.4	**48.3**	**418.6**	64.9	15.4
UperNet	2022	Swin-T	60.4	46.1	945.7	54.1	18.5
UperNet	2022	DAT-T	60.7	45.5	957.1	49.0	20.4
UperNet	—	MCDVformer-T	55.2	**47.8**	**939.5**	**36.0**	**27.8**
UperNet	2016	ResNet-101	86.9	44.9	1029.2	**49.8**	**20.1**
UperNet	2022	Swin-S	81.6	49.3	1038.5	65.8	15.2
UperNet	2022	DAT-S	81.7	48.3	1079.6	63.7	15.7
UperNet	—	MCDVformer-S	79.4	**49.7**	**995.8**	51.5	19.4

框架	年份	Backbone	Param/M	mIoU/%	FLOPs/G	Infer time/ms	FPS
UperNet	2022	Swin-M	121.3	51.6	1841.0	114.9	8.7
UperNet	2022	DAT-M	121.1	51.4	1912.7	126.6	7.9
UperNet	—	MCDVformer-M	104.4	**53.1**	**1697.4**	**82.0**	**12.2**
UperNet	2022	Swin-L	234.3	53.5	3230.0	161.3	6.2
UperNet	—	MCDVformer-L	217.8	**55.4**	**3211.3**	**129.9**	**7.7**

上述实验结果表明，MCDVformer 在平均交并比、推理速度、计算复杂度等评价指标方面都达到 SOTA 性能。

5.5.4　定性实验分析

图 5.8 是在 ADE20K 语义分割数据集上的实验结果。在大尺度中，DAT 和 Swin 中远处被遮挡的小尺度轿车分割失败，公共汽车分割不完整。在中尺度

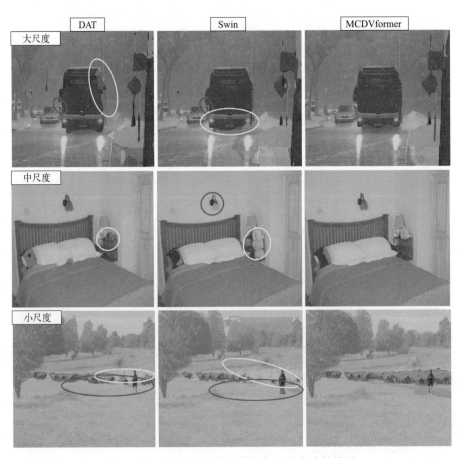

图 5.8　ADE20K 语义分割数据集上的实验结果图

中，DAT 与 Swin 中的小尺度手提包分割失败，Swin 中的小尺度灯分割不完整。在小尺度中，DAT 与 Swin 中的羊群和马路分割失败。MCDVformer 解决了上述问题，表现出优越的分割性能。

5.6　消融实验

为全面评价 MCDVformer 中各个组件的性能，在 ImageNet-1K、COCO 2017，以及 ADE20K 数据集上进行定量、定性的消融实验。

① 定量实验分析 1。在不同阶段使用不同的注意力机制，共有 7 种实验方案，实验结果见表 5.5，表中 En 表示 Encoder，De 表示 Decoder，Def 表示 Deformable。Scheme 2 和 Scheme 3 的 AP^{box}、AP^{mask}、Top-1 Acc 以及 mIoU 都高于 Scheme 1，表明基于 Reconstructed Deformable Self Attention 的 Swin Deformable Encoder 和基于 Key Point Deformable Self/Cross Attention 的 Swin Deformable Encoder-Decoder 都能够提升网络建模的性能。Scheme 3 的 AP^{box}、AP^{mask}、Acc 以及 mIoU 比 Scheme2 分别高出 0.8%、0.7%、1.1% 以及 0.9%，表明具有 Encoder-Decoder 形式的 Transformer 特征提取器比只具有 Encoder 这种单一形式的 Transformer 特征提取器的特征提取能力更强。Scheme 4、Scheme 5、Scheme 6 以及 Scheme 7 在三个数据集上的结果表明，Scheme 6 也就是 MCDVformer 具有最优的性能。在 Scheme 7 中，Stage 1、Stage 2 以及 Stage 3 都使用 Swin Deformable Encoder 组件，其 AP^{box}、AP^{mask}、Acc 以及 mIoU 比 Scheme 6 分别高出 −0.2%、−0.6%、−0.5%、−0.1%，表明过度使用 Reconstructed Deformable Self Attention 造成 MCDVformer 性能下降，所以本章选择 Scheme 6。

表 5.5　不同阶段使用不同组件的消融研究

Scheme	Stage 1	Stage 2	Stage 3	Stage 4	COCO		ImageNet	ADE20K
					AP^{box}	AP^{mask}	Top-1 Acc	mIoU
1	Swin En	Swin En	Swin En	Swin En	50.5	43.7	81.3	46.1
2	Swin En	Swin En	Swin En	Swin Def En	50.9	44.2	81.7	46.6
3	Swin En	Swin En	Swin En	Swin Def En-De	51.7	44.9	82.8	47.5
4	Swin Def En	Swin En	Swin En	Swin Def En-De	52.1	45.3	83.3	47.9
5	Swin Def En	Swin Def En	Swin En	Swin Def En-De	53.3	46.4	84.0	48.3
6	Swin En	Swin Def En	Swin Def En	Swin Def En-De	53.6	46.9	84.6	48.8
7	Swin Def En	Swin Def En	Swin Def En	Swin Def En-De	53.4	46.3	84.1	48.7

② 定性实验分析 1。本章使用 Grad-CAM 方法将四个阶段的类激活图可视化，定性实验结果如图 5.9 所示，图中 En 表示 Encoder，De 表示 Decoder。在第四阶段，第一行至第五行以及第七行的高亮区域都只集中在球拍或人体下半身，这会导致分类和定位预测错误。第六行的二、三阶段，高亮区域已经向球拍与人体转移，表明基于重要区域的 Reconstructed Deformable Self Attention

已经向重要区域转移，并为之分配更大的权重；第四阶段，高亮区域已经完全覆盖了球拍与人体，表明基于关键点的 Key Point Deformable Self/Cross Attention 转移到边缘位置，细化了球拍与人体边缘等细粒度信息，为之分配更

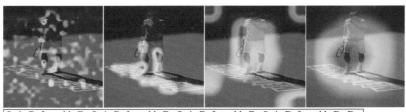

Swin Deformable En-Swin Deformable En-Swin Deformable En-Swin Deformable En-De

图 5.9　不同阶段使用不同组件的注意力图

大的权重，可以更好地预测目标。同时，也表明 MCDVformer 这种组合可以使网络获得最优的性能。

③ 定量实验分析 2。表 5.6 是本章提出的补丁网格点（Patch Grid Points）、密集残差连接（Dense Residual Connections）组件对 MCDVformer 性能影响的实验结果。可知，Scheme 2 比 Scheme 1 的 AP^{box}、AP^{mask}、Acc 以及 mIoU 分别高出 0.4%、0.7%、0.4% 以及 0.3%；Scheme 3 比 Scheme 1 的 AP^{box}、AP^{mask}、Acc 以及 mIoU 分别高出 0.7%、1.0%、0.6% 以及 0.9%，表明补丁网格点与密集残差连接组件都可以提高 MCDVformer 的性能。Scheme 4 比 Scheme 1 的 AP^{box}、AP^{mask}、Acc 以及 mIoU 分别高出 0.9%、1.3%、0.7% 以及 1.2%，表明本章的补丁网格点与密集残差连接联合使用可以最大程度地提升 MCDVformer 的特征提取能力。

表 5.6　补丁网格点、密集残差连接组件的定量消融实验

Scheme	Patch Grid Points	Dense Residual Connections	COCO		ImageNet	ADE20K
			AP^{box}	AP^{mask}	Top-1 Acc	mIoU
1	✗	✗	52.7	45.5	83.9	47.6
2	✓	✗	53.1	46.2	84.3	47.9
3	✗	✓	53.4	46.5	84.5	48.5
4	✓	✓	53.6	46.8	84.6	48.8

④ 定性实验分析 2。图 5.10 是本章提出的补丁网格点、密集残差连接组件对 MCDVformer 性能影响实验结果。本章使用 Grad-CAM 方法将四个阶段的注意力图可视化。与没有添加任何组件的一组（Without）相比，只添加补丁网格点（Patch Grid Points）的一组和只添加密集残差连接（Dense Residual Connections）的一组的高亮区域将图中目标覆盖得更广；同时添加补丁网格点与密集残差连接的一组（Patch Grid Points＋ Dense Residual Connections）的高亮区域将目标完全覆盖。这表明，两个组件联合使用可以最大程度减少层间信息在传递时的损失并增强注意力。

将 MCDVformer 和 Swin Transformer 分别作为目标检测算法 YOLOX 的主干进行训练，结果如图 5.11 所示，Swin Transformer-YOLOX 在 350 epochs 时达到收敛状态，而 MCDVformer-YOLOX 在 210 epochs 时达到收敛状态，训练周期缩短 40%，训练过程更加稳定，同时保持 52% 的平均检测精度，这表明

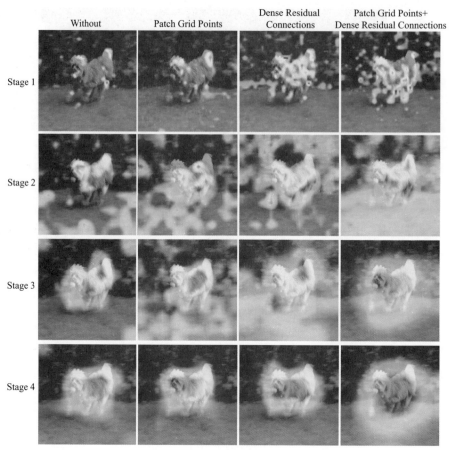

图 5.10　Patch Grid Points 与 Dense Residual Connections 对网络性能影响的注意力图

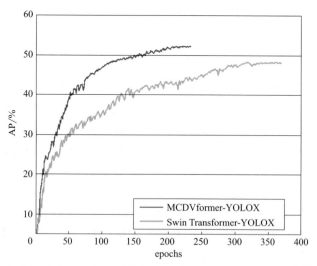

图 5.11　MCDVformer-YOLOX 和 Swin Transformer-YOLOX 的训练图

MCDVformer 在保持强大的特征提取能力的同时，具有更快的收敛速度以及更稳定的训练过程。

5.7　实车实验

　　为全面评估本章提出的 MCDVformer 的性能，进行实车实验。本章主要进行目标检测、实例分割以及语义分割的实车实验，仍然选择芜湖市白天校园场景以及夜间道路场景，选择小尺度、多尺度、大尺度以及互相遮挡的目标进行评估，其他实验装置与第 3 章相同。见图 5.12～图 5.17。

5.7.1　目标检测实车实验

(a) 小尺度目标

(b) 多尺度目标

(c) 大尺度目标

(d) 互相遮挡的目标

图 5.12　白天校园内各种实验场景的检测结果图

(a) 小尺度目标

(b) 多尺度目标

(c) 大尺度目标

(d) 互相遮挡的目标

图 5.13 夜间道路上各种实验场景的检测结果图

5.7.2　实例分割实车实验

(a) 小尺度目标

(b) 多尺度目标

(c) 大尺度目标

(d) 互相遮挡的目标

图 5.14　白天校园内各种实验场景的实例分割结果

(a) 小尺度目标

(b) 多尺度目标

(c) 大尺度目标

(d) 互相遮挡的目标

图 5.15　夜间道路上各种实验场景的实例分割结果

5.7.3 语义分割实车实验

(a) 小尺度目标

(b) 多尺度目标

(c) 大尺度目标

(d) 互相遮挡的目标

图 5.16 白天校园内各种实验场景的语义分割结果

(a) 小尺度目标

(b) 多尺度目标

(c) 大尺度目标

(d) 互相遮挡的目标

图 5.17　夜间道路上各种实验场景的语义分割结果

综合上述实验结果可知，多任务主干 MCDVformer 在目标检测、实例分割以及语义分割的实车实验中表现出强大的泛化能力以及稳定性，即使对于难以感知的小尺度以及互相遮挡的目标仍然获得先进的结果。

本章小结

本章提出了一种新的多任务主干网络 MCDVformer。

本章继续沿用提出的 Reconstructed Deformable Self Attention，实验结果表明，它提高了网络的建模能力以及特征提取能力；提出了 Key Point Deformable Self/Cross Attention，实验结果表明，它细化了目标边界，提高了网络的分割性能；提出了 Encoder-Decoder 形式的特征提取器，实验结果表明，它提高了网络的特征提取能力；构建了密集残差连接，实验结果表明，它减少了网络的信息损失并增强了注意力。在目标检测、实例分割、目标分类、语义分割公开数据集上的实验结果表明，MCDVformer 已经达到了 SOTA 水平，在实车实验上的结果表明它在实际应用中具有高精度以及很强的泛化能力。

第
6
章

基于点云数据增强的环境感知技术

当前，仅依赖激光雷达传感器的自动驾驶汽车技术正在迅速发展，但就分辨率和成本而言，这些激光雷达传感器仍然不如传统彩色相机。对于自动驾驶来说，这意味着靠近传感器的大物体很容易被看到，但远距离或小目标只包含一两个点云测量值，这是一个需要解决的重要问题，尤其是当这些目标被证明是驾驶危险的时候。但是，这些相同的物体在相机传感器中清晰可见。针对这两方面问题，本章介绍了一种用于三维目标检测的点云密度和语义增强的方法——D-S Augmentation。本章方法主要分为两个阶段：第一阶段完成点云的密度增强；第二阶段完成点云的语义增强。这些语义和密度增强的点云可以自然地集成到仅基于激光雷达的三维检测器，从而获得一个简单而高效的检测器。

6.1　点云密度和语义增强框架与流程

D-S Augmentation 专注于仅基于激光雷达的三维检测器，用于增强三维检测器的输入数据。在图 6.1 中概述了 D-S Augmentation 的网络框架，它包括四个主要阶段：

① 图像的实例分割。本方法利用二维检测器获得多视角图像的实例分割掩膜，其中包括逐像素的类别标签。

② 点云密度增强阶段（Point Cloud Density Augmentation，P-DA）。本方法将原始点云投影到实例分割掩膜上，根据每个点相关联掩膜的类别及坐标生成新的虚拟点。在本研究中，本章使用更通用的全局 N 近邻数据关联获得虚拟点的深度信息。

③ 点云语义增强阶段（Point Cloud Semantic Augmentation，P-SA）。应用

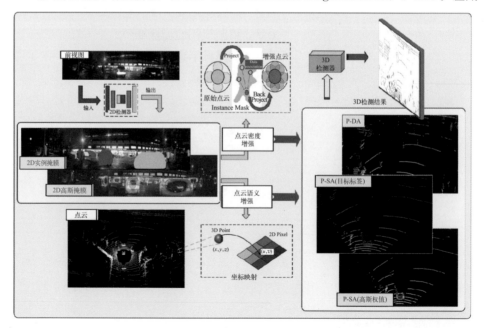

图 6.1　D-S Augmentation 的总体架构图示

实例分割掩膜和高斯掩膜装饰原始点云，用于丰富点云特征。

④ 将增强后的点云输入到 CenterPoint 完成三维目标检测。

6.1.1 点云密度增强

由于不可避免的目标距离、自遮挡和传感器分辨率有限等情况，现有的激光雷达点云数据并不总是完整和令人满意的。因此，从部分稀疏的原始数据中恢复完整的点云，特别是增加目标点云的密度，这对于三维检测是至关重要的。最近的 MVP 首次在大规模的户外场景中利用图像的预测结果来生成密集的三维虚拟点，这启发了本章进一步探究高质量的点云密度增强。

图 6.2 所示为本章点云的密度增强方法图示。图中用白色表示原始点云，黑色表示虚拟点云。首先，将图片输入二维检测器中，完成目标检测和实例分割的任务；然后，将原始点云投影到实例分割掩膜上；接着，使用随机采样方法在实例分割掩膜上生成固定数目的随机点，并使用全局 N 近邻数据关联（Global N-Nearest Neighbor Data Association，GNNN）方法关联随机采样点 s_i 和点云投影点 p_j 以获得虚拟点的深度 d_i；最后，再反向映射到原始的点云空间，获得最终的高密度的虚拟点云。

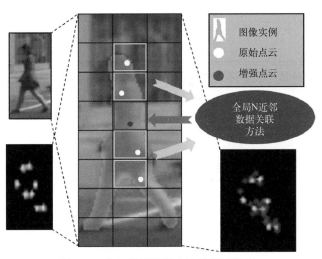

图 6.2　点云密度增强方法的图示说明

全局 N 近邻数据关联（GNNN）方法：

如图 6.2 所示，虚拟点在实例掩膜上的坐标为随机采样点 s_i 的坐标。本章的方法以此坐标为中心，将目标掩膜范围内的所有原始点云的投影点 p_j（如图中白色点）均参与虚拟点深度的关联（图像中的投影点 p_j 和对应三维空间的原始点云之间的深度 d_j 可以通过索引得到）。与此同时，根据距离的远近赋予所有投影点所对应的深度 d_j 不同的权重，距离随机采样点更近的投影点赋予更大的权重，反之权重更小。具体来说，首先利用式(6-1)计算随机采样点 s_i 与点云投影点 p_j 之间的欧氏距离 y_j；然后使用式(6-2)反距离加权插值方法获得不同距离下对应的权重 w_j，其中 α 为正常数；最后通过式(6-3)加权求和方法获得具有全局特征的随机采样点的深度 d_i，再反向映射到三维点云空间获得最终的虚拟点云。

$$y_j = \sqrt{(s_i - p_j)^2} \tag{6-1}$$

$$w_j = \frac{y_j^{-\alpha}}{\sum_{j=1}^{j} y_j^{-\alpha}} \tag{6-2}$$

$$d_i = \sum_{j=1}^{j} w_j d_j \tag{6-3}$$

6.1.2　点云语义增强

密度增强后的点云，不仅可以弥补点云的稀疏性，而且也可以提供三维目标位置信息和几何形状，但不具有图像的颜色和纹理信息，因此提取目标更深层次的特征成为主要挑战。为了充分利用图像带来的语义信息，本章提出了一种点云语义增强方法，如图 6.3 所示。语义增强主要分成两部分：①点云的类别语义增强；②点云的高斯语义增强。点云的类别语义增强包括三个主要阶段——实例掩膜、激光雷达点云投影到相机、语义关联，获得具有类别语义的点云。点云的高斯语义增强包括三个主要阶段——高斯掩膜、激光雷达点云投影到相机、语义关联，获得具有高斯语义的点云。主

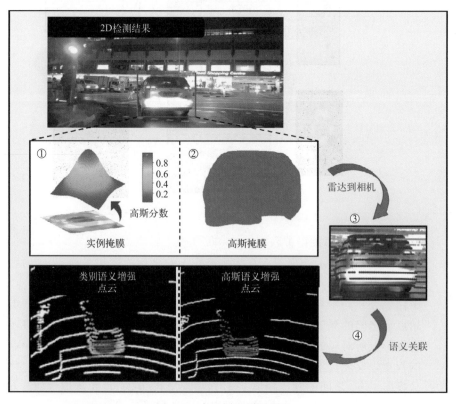

图 6.3　点云语义增强图示

要利用类别语义和高斯语义增强两种方法与点云相融合，以丰富点云的输入特征。

（1）点云的类别语义增强

PointPainting 提出使用图像分割掩膜的类别和分数装饰原始点云，这被之后的三维检测模型广泛应用。受 PointPainting 的启发，本章利用面向对象的实例掩膜实现点云的类别语义增强。如图 6.3 所示，首先，将图像输入到预训练好的 Mask R-CNN 实例分割网络中，得到目标像素的类别标签掩膜并对其进行编码；然后，将点云投影到对应的实例分割掩膜上，同时将相关像素的类别标签 c_i 附加到点云上，获得语义增强后的点云；最后，将增强后的投影点反向映射到点云空间，得到一个新的增强后的点云的特征 (x, y, z, c_i)。其中，(x, y, z) 为点云的坐标，c_i 表示点对应的类别标签。i 表示类别个数，在 nuScenes 数据集中，$i=11$（10 个目标类别和图像的背景）；在 KITTI 数据集中，$i=4$（汽车、行人、骑车人和图像的背景）。

（2）点云的高斯语义增强

在介绍本章的方法之前，需讨论本章的基线三维检测器。CenterPoint 作为一种基于中心点的三维目标检测器，它使用基于 Anchor-free 的方法取代了基于 Anchor 的检测方法。因为三维世界中的目标不遵循任何特定的方向，而基于 Anchor 的检测器难以枚举所有方向或者将轴对齐的边界框拟合到旋转的目标，所以 CenterPoint 提出了一种基于中心点检测的方法。具体来说，首先依赖于从激光雷达点云中提取的地面视图特征表示的标准三维主干，并在任何检测到的目标中心位置生成热力图峰值点，然后使用二维卷积神经网络（Convolutional Neural Networks，CNN）架构的检测头捕获目标中心点，如图 6.4 所示，中心点中包含有子体素的位置细化 o、高度高于地面的 h_g、三维边界框的尺寸 s 和偏航旋转角 α 等特征；接着用中心点特征回归出完整的三维边界框，包括边界框的大小、方向和速度等，从预测的框中，使用估计的三维边界框的每个面的中心提取点特征；最后输入到一个多层感知机（Multilayer Perceptron，MLP）中预测最终的置信度得分和边界框。

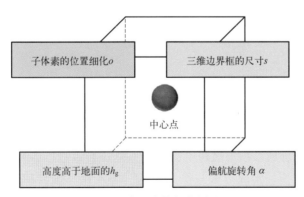

图 6.4　中心点特征的图示

对于 CenterPoint 来说，并不是所有的目标点云都是平等存在的，目标的中心点特征是更重要的。因此，进一步探究了如何高效地结合图像信息提取三维中心点的特征。具体来说，如图 6.3 所示。根据二维目标检测结果构建高斯掩膜，并延续上文类别语义增强的方法，连接目标在图像中的高斯语义以及在三维空间中的原始点云。高斯掩膜的构建是至关重要的，它能够将图像中目标中心点的聚集范围映射到点云目标中。使用式(6-4)对目标的二维检测区域进行建模，其中，(x, y) 为图像中的像素点，(x_0, y_0) 为图像的中心点坐标，(w, h) 是二维边界框的宽度和高度。通过这种方式，目标的中心区域会获得较大的高斯值，相对应的是目标点云会获得更密集的中心点特征。点云语义增强的具体方法详见算法 6-1。

$$G(x,y) = \exp\left(-\frac{(x-x_0)^2}{\left(\frac{w}{2}\right)^2} - \frac{(y-y_0)^2}{\left(\frac{h}{2}\right)^2}\right) \tag{6-4}$$

算法 6-1 点云的语义增强

Input： LiDAR point cloud $L = (x, y, z)_i$ with i points.

Instance segmentation result $I \in R^{c, n}$ with c class.

Gauss mask result $G \in R^n$ with n objects.

Transformation $T_{\text{lidar} \to \text{camera}}^{t_2 \to t_1} \in R^{4 \times 4}$ and camera projection $M_1 \in R^{4 \times 4}$.

Output： Augmented point cloud $P = (x, y, z, c, G)_i$

$\text{for } \vec{l} \in L \text{ do}$ // 点云语义增强

    $(u, v) = \text{project}(M_1 T_{\text{lidar} \to \text{camera}}^{t_2 \to t_1} (x_i, y_i, z_i, 1)^{\mathrm{T}})$

    $G(x, y) = \exp\left(-\frac{(x-x_0)^2}{\left(\frac{w}{2}\right)^2} - \frac{(y-y_0)^2}{\left(\frac{h}{2}\right)^2}\right)$

    $\vec{i} = I[u, v, :]$

    $\vec{g} = G[x, y, :]$

    $\vec{p} = \text{concatenate}(\vec{l}, \vec{i}, \vec{g}) = [x, y, z, c, G]$

end for

6.2 点云和图像之间的坐标转换

本节介绍多模态融合中关键的坐标转换过程，即激光雷达坐标系到图像坐标系的转换，实现点云与像素间的对齐。在三维目标检测常用的 nuScenes 和 KITTI 数据集上，激光雷达点云的表示方式和坐标转换有所不同。点云在 nuScenes 和 KITTI 数据集上分别表示为 (x, y, z, r, t) 和 (x, y, z, r)。其中，(x, y, z) 表示点云在三维空间中的位置坐标，r 为激光雷达的反射率，t 为 nuScenes 数据集特有的时间戳。

在 nuScenes 数据集上，本章的方法需要将点云投影到图像上，获得图像上对应的投影点坐标，坐标变换公式如下：

$$T_{\text{lidar} \to \text{camera}}^{t_2 \to t_1} = T_{(\text{car} \to \text{camera})} \, T_{(t_2 \to t_1)} \, T_{(\text{lidar} \to \text{car})} \tag{6-5}$$

式中，t_1 和 t_2 分别表示相机和激光雷达捕获时的自车帧的时间；$T_{(\text{lidar} \to \text{car})}$ 表示激光雷达到自车坐标系的坐标变换；$T_{(t_2 \to t_1)}$ 表示激光雷达捕获时间到相机捕获时间的坐标变换；$T_{(\text{car} \to \text{camera})}$ 表示自车坐标系到相机坐标系之间的变换。

最后利用相机固有的内参矩阵 $\boldsymbol{M}_1$ 将点云投影到图像上。

相比于 nuScenes 数据集，KITTI 数据集上的坐标变换相对简单，主要是由于 nuScenes 数据集上相机和激光雷达以不同的频率采集数据。KITTI 数据集上，只需要将激光雷达转换到相机坐标系即可，公式如下：

$$T_{\text{lidar} \to \text{camera}} = [u \ v \ 1]^{\text{T}} = \boldsymbol{M}_1 \boldsymbol{M}_2 [x \ y \ z \ 1]^{\text{T}} \tag{6-6}$$

$$\boldsymbol{M}_2 = \begin{bmatrix} \boldsymbol{R} & \boldsymbol{t} \\ \boldsymbol{0}^{\text{T}} & \boldsymbol{1} \end{bmatrix} \tag{6-7}$$

式中，(u, v) 为激光雷达转换后的图像坐标；$\boldsymbol{M}_1$ 为相机标定后得到的固有的 4×3 矩阵；$\boldsymbol{M}_2$ 为激光雷达转换为相机的外参矩阵；$\boldsymbol{R}$ 表示相机与激光雷达之间的旋转矩阵；$\boldsymbol{t}$ 表示相机和激光雷达之间的平移矩阵。

通过坐标转换的方式将相机和点云转化到同一坐标系下，便于多模态融合处理。

6.3　数据集和检测器细节

（1）数据集介绍

nuScenes 数据集是第一个为自动驾驶汽车提供全套传感器数据的大规模多场景三维目标检测数据集，在新加坡和波士顿两个城市收集了 1000 多个场景。该数据集中收集的数据包括 6 个多视图摄像头、一个 32 线的激光雷达、5 个毫米波雷达以及 GPS 和 IMU。在所需的 10 类目标的 360 度范围内提供目标注释结果。与 KITTI 数据集相比，它包含超过 7 倍的目标注释。该数据集由 28130 帧训练集、6019 帧验证集和 6008 帧测试集组成。本章遵循官方数据集划分，使用 28130 帧、6019 帧和 150 帧分别进行训练、验证和测试。

KITTI 数据集也是自动驾驶场景常用的公开数据集，它的采集平台由 2 个灰度图像、2 个彩色相机、1 个激光雷达、4 个光学镜头和一个 GPS 导航系统组成。在三维目标检测数据集中，共有 14999 个数据，其中 7481 个数据被划分为训练集，其余的被划分为测试集，并且以 1∶1 的比例将训练集分为训练子集和验证子集。本章遵循 KITTI 数据集官方根据车辆遮挡和截断程度的划分，将评价指标分为 Easy、Moderate、Hard 三个等级。比较了汽车、行人和骑车人在这种等级下的精度并设置了交并比（Intersection of Union，IoU）重叠阈值：0.7、0.5、0.5。

（2）二维检测器细节

本章的实现基于开源的 Mask R-CNN 二维检测代码，这是一种能够执行对象检测和实例分割的方法。与语义分割不同，实例分割是在目标像素级别识别对象轮廓的任务。分别在 NuImage 数据集、KITTI 数据集加 CityScapes 数据集上调整和预训练 Mask R-CNN。因为 KITTI 数据集中训练分割的图像只有 512 张，所以本章使用实例分割常用的 CityScapes 数据集进行预训练，最后在 KITTI 实例分割数据集上进行微调。在训练过程中，本章使用自适应矩估计（Adaptive Moment Estimation，Adam）优化器，设置批量大小为 16，学习率为 0.02，迭代次数为 9000。

（3）三维检测器细节

本章的三维检测器使用 CenterPoint，并且利用基于体素化方法的 PointPillars 作为 CenterPoint 的主干。对于体素化的过程，取 X 和 Y 轴的范围为 $[-51.2\mathrm{m}, 51.2\mathrm{m}]$，$Z$ 轴的范围为 $[-5\mathrm{m}, 3\mathrm{m}]$，设置体素的大小为 $(0.2\mathrm{m}, 0.2\mathrm{m}, 8\mathrm{m})$。CenterPoint 使用 Adam 优化器和单周期学习率策略在 4 个 RTX 3070 Ti 上训练网络，迭代 20 个 epoch。mini-batch size 设置为 16，最大学习率设置为 0.003，划分因子设置为 10，动量范围为 0.95 到 0.85，权重衰减参数为 0.01，并且采用 DS 采样来缓解 nuScenes 数据集中的类不平衡问题。在推理过程中，为场景中的每个二维目标生成 50 个虚拟点。

6.4　实验和结果分析

本章在具有挑战性的 nuScenes 和 KITTI 数据集上评估提出的 D-S Augmentation 方法，并进行广泛的消融实验以验证方法的有效性。

6.4.1　nuScenes 数据集的评价指标

nuScenes 的评价指标包括 mAP（mean Average Precision）和 NDS（nuScenes Detection Score）。mAP 是鸟瞰中心距离 $D = \{0.5, 1, 2, 4\}$ 和 C 类集的匹配阈值的平均值。NDS 是 mAP 和其他物体属性检测结果的加权组合，由平均平移误差（Average Translation Error，ATE）、平均尺度误差（Average Scale Error，ASE）、平均方向误差（Average Oriented Error，AOE）、平均速度误差（Average Velocity Error，AVE）和平均属性误差（Average Attribute Error，AAE）组成。计算公式如下：

$$\mathrm{mAP} = \frac{1}{CD} \sum_{c \in C} \sum_{d \in D} \mathrm{AP}_{c,d} \tag{6-8}$$

$$\mathrm{mTP} = \frac{1}{C} \sum_{c \in C} \mathrm{TP}_c \tag{6-9}$$

$$NDS = \frac{1}{10} \left[5mAP + \sum_{mTP \in TP} (1 - \min(1, mTP)) \right] \qquad (6-10)$$

式中，mAP 是平均的平均精度，$AP_{c,d}$ 是平均精度，TP_c 是五个平均误差的指标集。因此，NDS 不仅包括检测性能，还从边界框位置、大小、方向、属性和速度等方面对检测质量进行量化，从而全面地评价三维目标检测结果。

6.4.2　nuScenes 数据集上的实验结果

本节主要在 nuScenes 验证集上评估本章的 D-S Augmentation 方法，以验证点云密度和语义增强方法获得的性能提升；将提出的 D-S Augmentation 与基线算法 CenterPoint 进行比较；还在相同的设置下添加了 PointPillars、PMP-Net、PointPainting、HotSpotNet 和 MVP 等的性能。

表 6.1 提供了三维目标检测网络实现的 9 类，其中展示了每个类的 NDS 和 mAP，最后一行表示基于本章方法的结果，从表中可以看出，D-S Augmentation 方法在 nuScenes 数据集上的 mAP 和 NDS 指标分别达到了 71.3% 和 75.3% 的结果，并且它将基线网络 CenterPoint 的性能提高了 7.9% 的 mAP 和 5.1% 的 NDS。表明本章的方法使所有目标类别的性能得到提升。

表 6.1　nuScenes 验证集的性能比较

分类	Car	Ped.	Bicy.	Bus	Tra.	Bar.	Mot.	Tru.	T. C.	mAP	NDS
PointPillars	68.4	59.7	1.1	28.2	23.4	38.9	27.4	23.0	30.8	30.5	45.3
PMPNet	79.7	76.5	7.9	47.1	43.1	48.8	40.7	33.6	58.8	45.4	53.1
PointPainting	77.9	73.3	24.1	36.2	37.3	60.2	41.5	35.8	62.4	46.4	58.1
CVCNet	82.7	79.8	31.4	46.6	49.4	69.9	59.1	46.1	65.6	55.3	64.4
HotSpotNet	83.1	81.3	36.6	56.4	53.3	71.6	63.5	50.9	73.0	59.3	66.0
MVP	87.5	88.7	48.7	69.8	59.9	75.1	72.1	60.0	87.3	67.8	72.3
CenterPoint	85.9	85.4	40.7	65.2	56.2	73.9	60.7	57.0	83.7	63.4	70.2
Ours	91.6	90.9	53.1	73.4	63.3	78.4	75.8	63.8	89.5	**71.3**	**75.3**

6.4.3　KITTI 数据集上的实验结果

本节在常用于三维目标检测的 KITTI 数据集上也做了对比实验，以评估本章方法的通用性。首先使用训练好的 Mask R-CNN 模型对场景中的三维目标进行实例掩膜，并且为每个场景中的每个目标生成 100 个虚拟点；然后将二维检测器 Mask R-CNN 实例掩膜后的类别语义特征赋予到点云上；最后将密度和语义都增强的点云输入三维检测器。

表 6.2 展示了本节的方法在汽车、行人和骑车人 3 个类别的检测结果，其

中 L 表示基于 LiDAR 的方法，L＋C 表示基于 LiDAR＋Camera 的方法，灰色区域表示基于本章方法的结果，加粗数字表示最佳结果。在汽车类检测结果中本章方法的表现略低于 SE-SSD。然而本章的方法在中等难度汽车类中优于其他方法。对于具有挑战性的行人和骑车人检测方面，在三维 AP 的标准下本章的方法分别达到了 61.61％ 和 69.19％ 的 mAP。实验结果表明，本章的方法在 KITTI 数据集上也有较好的表现。

表 6.2　KITTI 验证集上的比较

| 分类 | 算法 | 输入 | 3D AP/% | | | |
			Easy	Mod	Hard	mAP
汽车 (IoU=0.7)	VoxelNet	L	78.21	64.96	56.74	66.64
	SECOND	L	85.37	76.21	66.87	76.15
	SE-SSD	L	**90.49**	80.41	77.47	**82.79**
	PointRCNN	L	86.34	74.99	67.59	76.31
	AVOD	L＋I	74.51	64.75	58.93	66.06
	PointPainting	L＋I	88.21	75.69	68.74	77.55
	CLOCs	L＋I	88.46	79.97	**78.35**	82.26
	D-S Augmentation (Ours)	L＋I	89.53	**81.32**	76.85	82.56
行人 (IoU=0.5)	PointRCNN	L	57.74	48.95	45.89	50.86
	AVOD	L＋I	49.05	42.48	37.15	42.89
	PointPainting	L＋I	59.63	51.32	48.21	53.05
	CLOCs	L＋I	64.96	58.78	49.38	57.71
	D-S Augmentation (Ours)	L＋I	**68.74**	**61.69**	**54.39**	**61.61**
骑车人 (IoU=0.5)	PointRCNN	L	74.85	58.54	54.67	62.69
	AVOD	L＋I	61.21	45.93	39.76	48.97
	PointPainting	L＋I	78.72	64.82	55.98	66.51
	CLOCs	L＋I	85.49	62.14	**57.65**	68.43
	D-S Augmentation (Ours)	L＋I	**85.96**	**65.73**	55.87	**69.19**

6.5　消融实验

为了验证本章提出的 D-S Augmentation 方法的有效性，针对不同的网络模块设计了消融实验。所有消融实验均基于 CenterPoint 网络，在 nuScenes 验证集上进行评估。本章使用 nuScenes 数据集中常用的 mAP 和 NDS 作为消融实验的评估指标，消融实验的结果见表 6.3。

表 6.3　消融实验结果

CenterPoint	P-DA	P-SA	mAP/%	NDS/%	运行时间/ms
✓			63.4	70.2	84
✓	✓		69.4	73.5	90
✓		✓	69.6	74.0	87
✓	✓	✓	**71.3**	**75.3**	93

6.5.1　点云密度增强的有效性验证

本节从定量和定性分析的角度，详细地阐述了点云密度增强的性能，验证本章点云密度增强方法的有效性。

（1）点云密度增强（P-DA）的定量分析

如表 6.3 所示，本章使用 CenterPoint 作为基线网络来评估 P-DA 在 nuScenes 数据集上的三维目标检测的性能。从表 6.3 中可以看出，P-DA 方法在 nuScenes 数据集上的平均检测精度（mAP）为 69.4%，nuScenes 检测分数（NDS）为 73.5%，与基线网络 CenterPoint 相比，提高了 6.0% 的 mAP 和 3.3% 的 NDS。实验数据证实了 P-DA 方法将点云密度增强后，通过改善点云的稀疏性，可以提高三维目标检测的性能。同时，与 CenterPoint 相比，加入 P-DA 方法后的检测时间仅增加了约 6ms，本章的方法仍然有很好的实时性。实验结果证明，P-DA 方法在提高 CenterPoint 检测精度的同时，仅仅增加了少量的计算量。

（2）点云密度增强（P-DA）的定性分析

在这里，本节可视化了生成的虚拟点，并与原始的点云进行了定性比较，验证本章方法的有效性。主要可视化了四个场景，并且都有较好的表现。在图 6.5 中，左侧为图像，本节用框表示检测到的目标；中间为可视化的原始的点云，原始的点云用白色表示，框内为点云对应图像中的目标；右侧为用本章的方法增强后的点云。

具体分析如下：在图 6.5(a)～（c）中，由于目标之间存在遮挡问题和目标

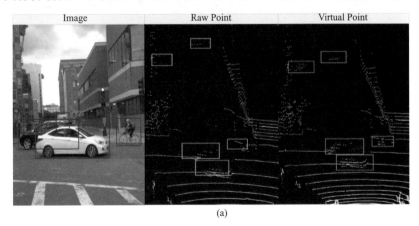

(a)

图 6.5

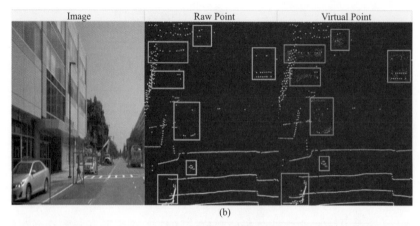

(b)

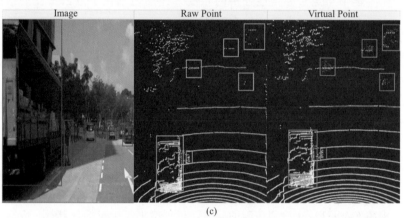

(c)

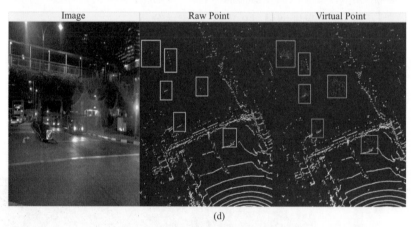

(d)

图 6.5　P-DA 的定性分析的图示

较小等，目标在原始的点云中非常稀疏，有的目标甚至只有一两个点存在，因此会导致目标无法被区分，并且检测起来会比较困难。在保证原始的点云不改变的情况下，本章的方法可以补充原始的点云中稀疏的目标。特别是对小目标和远距离稀疏的目标的检测来说，可以有效降低三维目标检测的误检和漏检现象，同时在保证实时性的情况下提高三维目标检测的精度。为验证 P-DA 的鲁棒性，选择了夜间场景。如图 6.5(d) 所示，在光线质量较差的情况下，本章的P-DA 仍然表现出色。

6.5.2 点云语义增强的有效性验证

本节从定量和定性分析的角度，详细地阐述了点云语义增强的性能，验证本章点云语义增强方法的有效性。

（1）点云语义增强（P-SA）的定量分析

从表 6.3 中可以看出，在原始的 CenterPoint 方法的基础上，引入了 P-SA 方法后，本章的方法在 mAP 和 NDS 评价指标上分别提升了 6.2% 和 3.8%。P-SA 方法通过将图像的类别语义信息融合到点云上，能够帮助网络去更好地理解点云。同时，提出的高斯语义增强方法不但增强了目标的中心点特征，而且降低了目标检测的误检和漏检的可能性，从而可以更好地提升目标检测的性能。与 CenterPoint 相比，加入 P-SA 方法后的检测时间增加了 3ms，仍具有较好的实时性。

（2）点云语义增强（P-SA）的定性分析

本节可视化了 P-SA 方法的定性结果，包括类别语义和高斯语义增强。如图 6.6 所示，本节选取了 nuScenes 数据集中相机的三个视角的图像，分别为

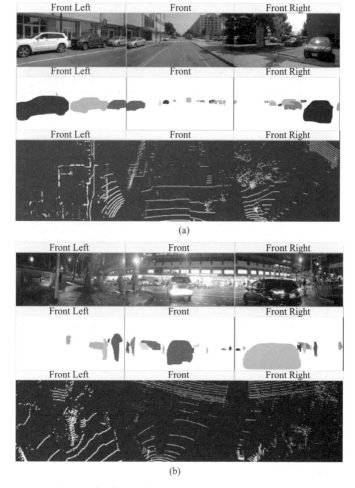

图 6.6　类别语义增强在三维点云空间的定性结果

Front Left、Front 和 Front Right。顶部为图像的三个视角，中部为实例分割语义结果，底部为语义绘制到点云上的结果。从图 6.6(a) 中可以看出，本章的方法不但可以很好地将图像的语义信息分割出来，而且能够准确地绘制到点云上，增强目标点云的语义特征。

图 6.7 为高斯语义增强的结果，图中顶部为三个视角的图像、中间为高斯掩膜的结果、底部为掩膜绘制到点云上的结果。它通过将图像（top）高斯掩膜的结果（central）绘制到三维空间的点云（bottom）上来强化目标的中心点特征。融合过程与类别语义增强相似，从图 6.7(a) 和图 6.7(b) 中可以看出，本章的方法能够有效地将二维目标的中心区域特征赋予点云，这种做法有利于提高后续基于中心点的三维检测器的性能。

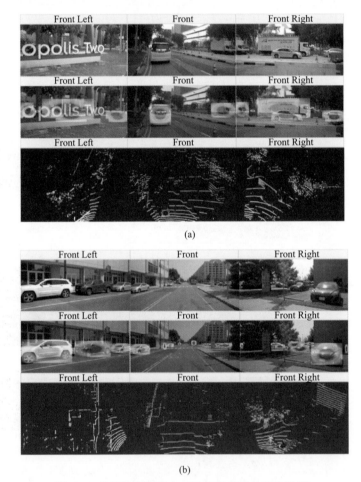

图 6.7　高斯语义增强在三维点云空间的定性结果

6.5.3　D-S Augmentation 整体性能的有效性验证

本节详细分析了 D-S Augmentation 的整体性能，主要包括定性分析和定量分析两部分。

（1）D-S Augmentation 整体性能定量分析

如表 6.3 所示，同时加入 P-DA 和 P-SA 方法联合三维检测器 CenterPoint 构成了本章的整体框架 D-S Augmentation。D-S Augmentation 在 nuScenes 数据集的评价指标 mAP 和 NDS 下，分别达到 71.3％和 75.3％。与仅基于激光雷达的 CenterPoint 方法相比，D-S Augmentation 的 mAP 和 NDS 分别提高了 7.9％和 5.1％。在 nuScenes 数据集的基准上优于大多数基于融合的方法。

为了验证 P-DA 和 P-SA 在不同距离上的三维目标检测的有效性，本节将 KITTI 验证集划分成 0~30m 和 30~50m 的范围，结果如图 6.8 所示。在中等难度的验证集上，对于汽车类检测的三维 AP，P-SA 能够显著提高 0~30m 范围内的三维目标检测的性能，这是由于近距离的点云能够获得更多的图像语义。而对于 30~50m 范围内的远距离目标，P-DA 能够发挥关键作用，带来 7.21％的提升。为了进一步验证本章的方法，本节又增加了 BEV 检测的 AP 对比，从图 6.8(b) 中可以看出，D-S Augmentation 的精度在 30~50m 范围达到了最好，为 65.19％。

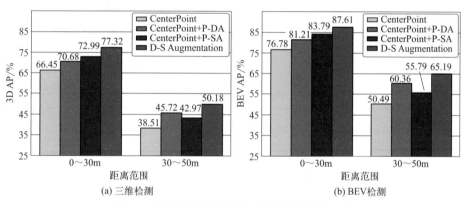

图 6.8　不同距离范围下的三维检测的精度对比

这一方面得益于 P-DA 对远处相对稀疏的点云进行了密度补充，另一方面来自 P-SA 方法可以融合点云和图像中的语义信息。两者的相互补充，使得本章的方法获得了相对较好的性能表现。因此，D-S Augmentation 在很大程度上优于基线 CenterPoint，在长距离和短距离上都有很好的表现。

（2）D-S Augmentation 整体性能定性分析

为了突出本章方法的有效性，将整体网络进行了定性分析并且可视化了三维目标检测的结果。同时，将它与 CenterPoint 的三维目标检测的可视化结果进行了比较，分析了六个场景下的比较结果，如图 6.9 所示。其中，每个场景左侧为 CenterPoint 的检测结果，右侧为本章的方法。检测到的目标用绿色边界框表示，点云中的目标点用红色表示，橙色和紫色的边界框表示 CenterPoint 和本章方法的检测结果的不同之处。

在图 6.9(a)(b)(e) 中，CenterPoint 网络正确地检测到场景中的目标，但橙色边界框中的目标出现了漏检现象。本章的方法不但解决了这个问题，而且检测到了 CenterPoint 漏检的目标。图 6.9(c) 中，CenterPoint 出现了误检的情况，将橙色边界框中的障碍物检测为目标，而本章的方法则成功地解决了 CenterPoint 的误检的情况。图 6.9(d) 中，对场景中的小目标进行三维目标检测，验证本章方法对不同种类的目标具有的有效性。由于小目标在点云中非常稀疏，检测起来相对困难。图 6.9(d) 中，CenterPoint 出现了大量的小目标的漏检情况，本章的方法由于使用了点云密度增强（P-DA）和点云语义增强（P-SA）方法，增加点云密度的同时将图像中的语义信息绘制到点云，因此提升了对小目标检测的准确性。图 6.9(f) 中，对复杂场景下的三维目标检测进行了分析。从图中橙色的边界框中可以看出，在复杂场景下的 CenterPoint 方法同时出现了漏检和误检的情况，而本章的方法虽然避免了误检的情况，但也出现了个别目标的漏检问题。因此，在实际复杂环境场景下，减少漏检和误检问题，进一步提升三维目标检测的准确性将是未来研究的重点。

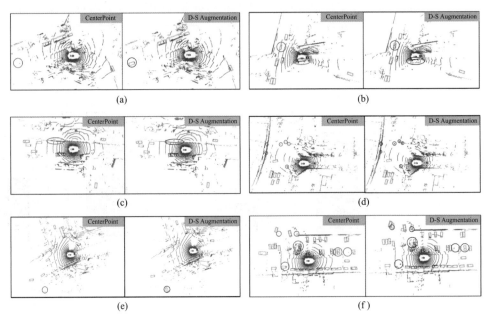

图 6.9　D-S Augmentation 在 nuScenes 数据集上的三维目标结果

本章小结

本章介绍了一种基于点云密度和语义增强的三维车辆检测方法 D-S Augmentation。在点云密度增强阶段，P-DA 将点云投影到实例分割掩膜上，然后在分割掩膜上生成随机点，并且使用全局 N 近邻数据关联方法获得随机点的深度，最后将随机点反向映射到三维空间的点云中，以此来改善点云的稀疏性。在语义增强阶段，通过将实例分割后的语义信息赋予点云，弥补激光雷达点云中缺乏颜色和纹理信息的缺陷。与此同时，本章还提出了一种高斯掩膜方法来增强点云的目标的中心点特征，让基线网络对场景中的目标更敏感，进一步提升三维车辆检测的精度。本章提出的 D-S Augmentation 方法在具有挑战性的 nuScenes 和 KITTI 数据集上进行测试。实验结果表明，在三维车辆检测中，D-S Augmentation 以近乎实时的速度和较高的检测精度，获得了非常先进的检测结果，能够有效应对复杂的交通场景。

第
7
章

基于两阶段序列融合
的环境感知技术

基于激光雷达和相机融合的三维目标检测算法在自动驾驶感知领域取得了重大进展。然而，融合过程中仍然存在多模态特征几何失真的问题，无法最大程度地激发三维检测器的潜能，设计合理、有效的融合位置与融合策略是亟待解决的难题。本章介绍了一种基于两阶段序列融合的三维目标检测算法（TSF：Two-stage Sequential Fusion for 3D Object Detection）：在融合的第一阶段，TSF 利用图像的语义信息增强原始点云；在融合的第二阶段，TSF 级联二维图像检测结果与三维点云检测结果完成非极大值抑制（Non-Maximum Suppression，NMS）。本章首先介绍 TSF 的设计思路和涉及的概念、方法；然后，阐述其框架、流程和主要创新点；接着详细描述了 TSF 的网络结构和设计；最后，在权威的公开数据集上验证其性能，与先进的同类算法进行对比，并结合消融实验，以证明所提出方法的合理性。

7.1 多模态传感器数据融合方法及概念

多模态传感器数据融合被广泛定义为异构、异源数据执行联合、相关、组合和检测等操作，实现状态、身份估计和姿态评估，构建对环境的一致性描述，在后续的预测阶段得出更准确、可信的结果。根据数据融合发生阶段的不同，其可分为特征级融合和决策级融合，两种融合方法各具有优缺点。

特征级融合连接不同模态信息并进行联合推理，允许跨模态的数据进行深度交互。如图 7.1(a) 所示，特征级融合方法利用神经网络作为基线并分层混合多模态特征，具体来说，首先分别对每个模态数据采用不同的特征提取器，接着对这些特征进行结合和拼接，实现多尺度多模态特征信息融合，最后将融合后的特征输入到一系列的神经网络层中以生成检测结果。

决策级融合并行处理不同传感器的决策输出，各模态信息是单独和独立处理的，并在最后的输出阶段进行融合。如图 7.1(b) 所示，决策级融合方法的思想是利用神经网络并行处理传感器数据，接着将所有传感器生成的决策输出进行融合以得到最终的检测结果。相比于特征级融合，决策级融合能够更好地结合现有的先进的单模态检测网络，更鲁棒地判定每个模态传感器检测结果的准确性。

基于特征级融合和决策级融合，本章所研究的序列融合方法是一种新的

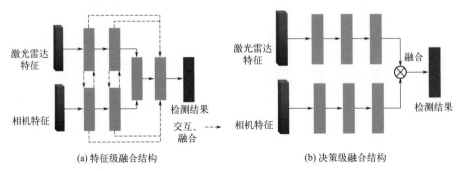

(a) 特征级融合结构　　　　　　　　(b) 决策级融合结构

图 7.1　不同类型的融合方式

融合架构。该方法规定多模态特征在一个特定序列中进行融合,并且当前传感器的特征提取在很大程度上取决于另一传感器的检测结果。序列融合不仅具有特征级融合中多模态特征间的交互关系,还具有决策级融合的灵活性和模块化。

7.2 两阶段序列融合网络

两阶段序列融合网络(TSF)采用 PointRCNN 作为激光雷达检测基线,并将其与相机不同阶段检测结果进行融合。图 7.2 展示了 TSF 的网络架构,它主要包括两个融合阶段:

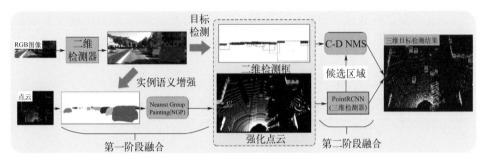

图 7.2 TSF 框架及流程图

① 第一阶段融合:最近群组关联(Nearest Group Painting,NGP)。本章首先利用二维检测器对 RGB 图像进行二维边界框的检测与目标实例分割,然后在 NGP 模块中进行原始点云与图像分割像素分数、标签的融合,最终得到具有丰富语义的强化点云。

② 第二阶段融合:级联置信度和距离的非极大值抑制(Confidence Distance-based fusion for joint NMS,C-D NMS)。本章将第一融合阶段得到的强化点云输入到三维检测器 PointRCNN 中,并融合 PointRCNN 生成的三维候选区域与二维检测框以完成 C-D NMS 过程。TSF 在输入阶段进行第一阶段的融合,并在 PointRCNN 中嵌入第二阶段融合,最终按照序列依次完成三维目标检测。

7.3 最近群组关联的点云语义增强

此阶段处理初始输入的 RGB 图像和激光雷达点云,为从根本上增强原始点云的语义特征,本节利用图像的实例分割结果与点云进行融合(Point Painting),并加入最近群组关联(Nearest Group Painting,NGP)以消除融合过程中的噪声点云。

7.3.1 点云语义增强模块

激光雷达点云包含地物表面的空间坐标（x,y,z）和反射强度（intensity）信息。其中空间坐标用于描述物体的形状、尺寸，并被大多数三维检测器用作"辨别"物体类别的关键特征。但受点云特性的影响，这些点特征往往是稀疏的、不完整的，而图像像素是一种密集的表示，且包含丰富的纹理、颜色特征。基于此，本节提出一种新颖的点云语义增强方法，创新地将图像实例分割后的像素标签与类别分数编码为对应点云的附加通道，以补充来自图像的"指向性"提示信息。这种利用图像实例分割语义进行融合的方式，不但提供了有效的二维检测框、丰富了点云特征，还减少了图像语义分割或全景分割造成的信息冗余和计算资源消耗过大问题。

对于同一帧的输入点云和图像，首先利用 ERFNet 网络对 RGB 图像进行语义分割，得到每个像素的类别标签和分割分数（如图 7.3）。接着，根据式(7-1)将点云投影到图像掩膜中，其中（x,y,z）表示物体在激光雷达坐标系中的横向、纵向、竖直距离，通过相机内参矩阵 $\boldsymbol{M}_1$ 及激光雷达-相机外参矩阵 $\boldsymbol{M}_2$ 转换为图像坐标（u,v）。$\boldsymbol{M}_1$ 是通过相机校准后得到的固有的 4×3 矩阵，$\boldsymbol{M}_2$ 表示相机与激光雷达之间的旋转与平移矩阵，如式(7-2)所示，$\boldsymbol{R}$ 表示 3×3 的旋转矩阵，t 表示三维平移向量。通过这种方式，将对应的标签和像素分数与原始点云融合以获得更突出的图像特征，此时的强化点云能够更好地表征来自图像语义的提示。最后，将增强后的点云输入到三维检测器中进行目标识别与检测。

$$[u \quad v \quad 1]^{\mathrm{T}} = \boldsymbol{M}_1 \boldsymbol{M}_2 [x \quad y \quad z \quad 1]^{\mathrm{T}} \tag{7-1}$$

$$\boldsymbol{M}_2 = \begin{bmatrix} \boldsymbol{R} & \boldsymbol{t} \\ \boldsymbol{0}^{\mathrm{T}} & \boldsymbol{1} \end{bmatrix} \tag{7-2}$$

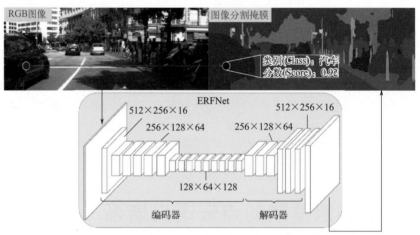

图 7.3 利用 ERFNet 网络进行图像的语义分割

7.3.2 最近群组关联

现实世界中，激光雷达与相机传感器的安装位置在竖直方向存在差异，如

图 7.4 所示，激光雷达传感器一般搭载于车辆的顶部，相机传感器通常放置于车辆挡风玻璃的上端。这种安装位置的差异导致了两种传感器具有不同的视野，特别是对于激光雷达，它能够观测到相机无法感知的区域（如图 7.4 橙色柱形区域）。

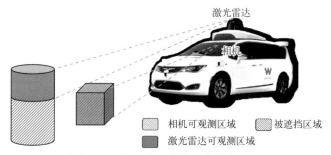

图 7.4　多模态传感器安装位置的差异

为更进一步分析传感器位置差异对多模态特征融合的影响，减轻网络的运算复杂度，并更突出地获得汽车类别的语义像素，本节在 ERFNet 网络的输出阶段仅保留汽车的分割结果，即汽车像素认为是目标像素（前景），而其他像素作为背景像素并不参与后续的融合［如图 7.5(a)（b）所示］。值得注意的是，此处的分割类别标签是根据不同目标编码的向量，而背景像素指定相同的标签向量。更进一步地利用式(7-1) 和式(7-2) 完成点云到分割掩膜的坐标转换，汽车所对应的点云与图像掩膜中的汽车语义相对应，并将语义维度与点云维度相拼接。如图 7.5(c) 所示，本节对融合后的点云进行了可视化，紫色点表示图像分割掩膜在点云中的投影，在图 7.5(a) 中可以观测到原始图像右侧的建筑物下半部分被前方的车辆所遮挡，而在如图 7.5(c) 中的虚线框中可以看出，不属于汽车类别的建筑物点云被错误地标记成汽车。这种错误关联主要是由于激光雷达的安装位置要高于相机，因此激光雷达能够采集到相机无法观测到的建筑物点云，进而造成几何失真的问题，并影响后续网络深层次的特征提取。

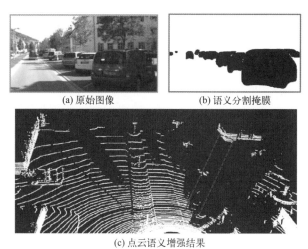

(a) 原始图像　　　　　　(b) 语义分割掩膜

(c) 点云语义增强结果

图 7.5　点云语义增强中噪声点云的产生

为解决物理层面的投影变换带来的几何失真问题，本节提出了最近群组关联（NGP）来减少噪声点云对网络的干扰。如图 7.2 所示，本节利用 Mask

R-CNN替换点云语义增强模块（PointPainting）中的二维语义分割网络ERFNet。Mask R-CNN二维检测器能够在有效检测目标的同时输出高质量的实例分割结果，不仅能够为NGP提供目标位置信息，还能进行逐像素级别的实例分割。更进一步地，将原始点云特征(x,y,z)与实例分割后的掩膜进行关联，得到强化点云新特征(x,y,z,c_i,n_j)。其中，(x,y,z)表示点云的位置特征，c_i表示该点云对应的目标类别，n_j表示该点云对应的目标编号，i和j表示图像中所检测目标的类别和数量。

如图7.2所示，在加入n_j后，网络能够更好地区分同一类中不同目标的点云。基于此，如图7.6所示，本节首先提取同一目标点云中离自车激光雷达最近的点，接着设置目标半径阈值r，并由此生成一个半球形群组。在图7.6中，PointPainting产生的噪声点集中在最远点附近，所以NGP只关注最近群组中的点，并保留群组内重要点云特征，过滤远处噪声点。值得注意的是，半径阈值r的选取是至关重要的，应确保由该参数形成的群组冗余地保留所有目标点云。算法7-1利用伪代码详细地说明了基于NGP的点云语义增强过程。

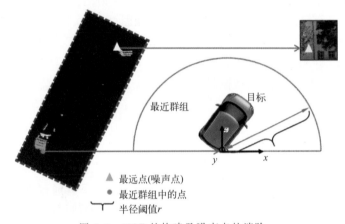

最远点（噪声点）
最近群组中的点
半径阈值r

图7.6　NGP的构建及噪声点的消除

算法7-1　基于最近群组关联的点云语义增强

Inputs：

LiDAR point cloud $L=(x,y,z)_i$ with i points.

Segmentation result $S\in R^{c,n}$ with c classes and n objects.

Camera internal matrix $M_1\in R^{3,4}$.

LiDAR to camera external parameter matrix $M_2\in R^{4,4}$

Radius of nearest group $r\in R^{1,c}$ with c classes.

Output：

Painted point cloud $P=(x,y,z,c,n)_i$

for $\vec{l}\in L$ do　　　　　　　　// PointPainting

　　$(u,v)=\text{project}(M_1,M_2,\vec{l})$

　　$\vec{s}=S[u,v,:]$

　　$\vec{p}=\text{concatenate}(\vec{l},\vec{s})=[x,y,z,c,n]$

```
        end for
        for $\vec{n} \in n$ do                    // 消除噪声点
        for $\vec{p} \in P$ do
        if $\vec{p} \in \vec{n}$ then
        $\vec{d} = \min(\text{distance}(\vec{p}[x,y,z]))$
        $\vec{g} = \text{group}(\vec{d},r)$
                if $\vec{p} \notin \vec{g}$ then
                    $\vec{p}[c,n] = \text{emptiness}$
        end for
    end for
```

7.4　基于置信度和距离的非极大值抑制

为充分利用除分割语义信息外的二维检测结果，本节在融合的第二阶段级联二维检测框与 PointRCNN 生成的冗余候选区域，旨在通过二维检测器提升三维检测器的精度和准确性。

7.4.1　基于置信度的非极大值抑制

本节所使用的三维检测器基线 PointRCNN 是一种两阶段的网络结构，网络在第一阶段进行点云采样与特征提取，利用 PointNet＋＋生成候选区域，并将这些候选区域输入到第二阶段进行细化处理，以完成最终三维检测框的回归。然而第二阶段的检测性能很大程度上取决于第一阶段生成候选区域的质量。因此，本节重点分析 PointRCNN 第一阶段的候选区域的生成方式，PointNet＋＋在学习和理解点云特征后，对每个目标点进行置信度评分和候选区域的回归，目标的置信度分数表示其作为前景的概率，候选区域表示目标的边界位置和尺寸大小。

根据置信度阈值，PointRCNN 利用 NMS 的操作过滤大量低置信度的背景候选区域，进而将高置信度的前景候选区域输入到第二阶段，以缓解细化过程中的计算复杂度。然而，基于置信度的 NMS（C-NMS）错误地过滤掉低置信度的真阳性样本，保留高置信度的假阳性样本。因此，本节提出 C-D NMS 来代替 PointRCNN 中的 C-NMS，用于提供更准确的候选区域及三维检测结果。

7.4.2　级联距离与置信度的非极大值抑制

为充分利用二维检测框提供的准确几何信息，本节级联距离与置信度共同完成非极大值抑制，以滤除冗余的三维候选区域。如图 7.7 所示，本节首先利用基于置信度的 NMS 将 PointRCNN 的候选区域由 $n \times 8$ 转换为 1000×8，其中 n 表示 PointNet＋＋所生成原始候选区域的数量，该区域的 8-维特征为 $(x, y, z, w, l, \theta, h, c)$。如图 7.8 所示，本节利用绿色的三维框可视化候选区域，其中 (x, y, z) 表示候选区域中心点坐标，(w, l, h, θ) 表示区域的宽度、长度、高度和航向角，c 表示区域的置信度分数。接着，本节将三维中心点坐标 (x, y, z) 投影到图像坐标系中，得到大小为 1000×2 的映射点坐标，此时三维中心点维度变为二维，数量仍然为 1000。然后，本节利用在融合第一阶段二维检测器生成的图像目标的中心点作为先验信息，如图 7.7 所示，二维检测框中心点尺寸为 $c \times 2$，其中 c 表示二维检测器所检测到物体的数量。

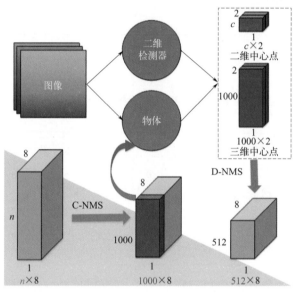

图 7.7　C-D NMS 的结构图

在基于距离的非极大值抑制（Distance-based NMS，D-NMS）中，如图 7.8 所示，设二维中心点和三维中心点坐标分别为 (m, n) 和 (j, k)，本节

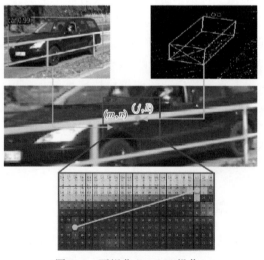

图 7.8　可视化 D-NMS 操作

计算两中心点在图像上的欧氏距离 $d = \sqrt{(m-j)^2 + (n-k)^2}$，更进一步地，对该距离向量进行排序并将 1000 个候选区域减少至 512 个（保持原有的 8-维不变），至此完成基于距离的非极大值抑制。综上，本节通过分析 PointRCNN 的网络结构，研究了 PointNet++ 生成候选区域的机制，并由此提出了级联距离和置信度的 NMS 方法（C-D NMS），在第一次 NMS 操作时，先利用网络初始的置信度分数减少候选区域数量，再结合三维中心点与二维中心点的几何一致性，完成最终的 NMS 操作，为 PointRCNN 网络第二阶段提供高质量的输入，以完成精准的三维目标检测。

7.5　实验结果及分析

本节将对 TSF 算法进行测试、评估与分析。首先介绍算法所使用的数据集、各模块的配置和实验执行细节；接着结合各评价标准对 TSF 的检测结果进行定量分析，包括与当前先进方法进行对比，利用多组消融实验验证算法各模块的有效性；最后对 TSF 进行定性分析，可视化其检测结果。

7.5.1　数据集介绍

本章在 KITTI 数据集上进行 TSF 算法的训练和评估，其中包括 7481 个训练帧和 7518 个测试帧，本节按照 1∶1 的比例将训练集划分为训练子集和验证子集。KITTI 数据集提供了 360°激光雷达点云、相机前视 RGB 图像和标定数据，为适应本多模态融合算法，本章仅使用了相机视野内的激光雷达点云。KITTI 数据集根据目标的尺寸、可见性和截断程度，将检测任务分为三个等级：简单、中等和困难。本节遵循不同的难度等级，在实验中为汽车（Cars）、行人（Pedestrians）和骑车人（Cyclists）设置不同的重叠阈值（IoU）。

7.5.2　二维检测器的配置

本节所使用的二维检测器——Mask R-CNN，可同时执行目标检测和实例分割任务，不同于语义分割，实例分割是逐像素识别目标轮廓的任务。如图 7.9 所示，Mask R-CNN 主要由主干网络（Backbone）、区域候选网络（Region Proposal Network，RPN）和 RoI 对齐网络（RoI Align）三部分组成。其中，主干网络采用 ResNet-101 提取图像特征，并引入特征金字塔结构解决深层次特征丢失的问题；RPN 用于帮助网络生成感兴趣的区域，并在特征图中回归不同尺寸的目标锚框；RoI Align 用于统一候选区域特征图尺寸，利用双线性插值和连续的反卷积操作完成掩膜的生成。

由于 KITTI 数据集中仅有 512 张图像用于实例分割的训练，因此本节首先在大型的自动驾驶数据集 CityScapes 上进行预训练，最后在 KITTI 实例分割数据集上进行参数的微调。此外，在 Mask R-CNN 的训练中，本节利用 City-Scapes 和 KITTI 数据集中的真实像素掩码生成二维边界框的标签。

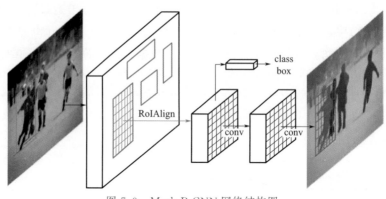

图 7.9　Mask R-CNN 网络结构图

7.5.3　三维检测器的配置

本章所使用的三维检测器——PointRCNN，是基于激光雷达点云的三维目标检测网络，可生成三维目标的类别、位置和尺寸信息。PointRCNN 主要分为两阶段：第一阶段进行三维候选区域的生成，第二阶段进行三维检测框的细化。在第一阶段中，PointRCNN 利用 PointNet＋＋主干网络提取点云特征，并生成包含了预测目标位置和方向的前景点。在第二阶段中，PointRCNN 提出基于 Bin 的方法衡量目标的尺寸并进一步细化检测结果，加速了网络训练阶段的收敛速度。

本节基于主流代码库 OpenMMLab 实施 PointRCNN 网络的搭建，OpenMMLab 提供了标准和可修改的检测基线。本节对 PointRCNN 进行了两点改进，使其适应于融合模块：

① 修改 PointRCNN 的输入通道。原始的 PointRCNN 包含 $(x，y，z)$ 三个通道，为适应语义强化后的点云，本节将 PointRCNN 的输入通道扩展为五维（新增了目标类别和掩膜分数两个通道）。

② 官方的 PointRCNN 基于置信度的 NMS 将候选区域滤除为 512 个，本节将候选区域增加至 1000 个，再使用本章基于距离的 NMS 使其减少至 512 个。除此之外，本章保留了 PointRCNN 其他的公共实验配置。

7.5.4　融合模块的配置

本章对 NGP 模块进行了超参数（半径阈值 r）的配置，结合不同物体尺寸的先验知识，设置汽车类别的半径阈值 $r_{汽车}=4.5\text{m}$、骑车人类别的半径阈值 $r_{骑车人}=2\text{m}$、行人类别的半径阈值 $r_{行人}=1\text{m}$。在 7.6 节的消融实验中，将详细介绍 C-D NMS 模块中候选区域数量的选取依据。

7.5.5 检测结果及对比

为全面评估 TSF 算法在 KITTI 数据集上的性能，本节将 TSF 检测结果与其他先进方法进行了比较。在 KITTI 数据集中，若目标边界框与真实边界框的交并比大于 IoU 阈值，则认为该边界框是正确生成的，根据目标类别的差异，分别设置汽车、行人和骑车人的 IoU 阈值为 0.7、0.5 和 0.5。本节使用 KITTI 数据集最新的三维目标检测评估标准——具有 40 个召回位置的平均检测精度（Average Precision，AP），并遵循文献中的方法，将其定义如下：

$$P_{\text{interp}}(r) = \max_{\hat{r} \geqslant r} P(\hat{r}) \tag{7-3}$$

$$\text{AP} \mid \text{R} = \frac{1}{|\text{R}_{40}|} \sum_{r \in \text{R}_{40}} P_{\text{interp}}(r) \tag{7-4}$$

式中，P 表示召回值对应的精度，R_{40} 表示在 $[0，1]$ 范围内召回水平间距相等的 41 个点。当召回值 $\hat{r}$ 大于或等于 r 时，利用插值函数 $P_{\text{interp}}(r)$ 获得最大精度，最后取 41 个精度的平均值得到 AP。

本节遵循 $\text{AP} \mid \text{R}_{40}$ 标准来衡量本章所提出方法的检测性能，表 7.1 为 TSF 的平均精度均值（mAP）得分，并与目前在 KITTI 数据集上使用的三维和鸟瞰视图（Bird's-Eye View，BEV）评估的方法进行了对比。为公平、充分地进行比较，本节将这些方法分为基于激光雷达与基于激光雷达和相机融合的两个分支。如表 7.1 中汽车类别的检测结果，本章所提出的 TSF 达到了 82.6% 的 3D mAP，虽略低于 SE-SSD 网络，但优于其他多模态融合的方法。对于更具挑战的行人和骑车人类别，在 3D AP 的标准下，TSF 分别取得了具有竞争力的 63.5% 和 68.5% 的 mAP，该精度超越了所有单模态及多模态融合的方法，这个结果也证明了本章所提出的融合方法对小目标检测的积极影响。在运行时间方面，TSF 单帧检测时间为 295ms，相比于 PointPainting 中全局像素的语义分割（用时 410ms），TSF 仅针对目标像素进行掩膜的实例分割，这提高了运行效率，节省了运行时间。

表 7.1　在 KITTI 验证集上各算法的比较

类别	方法	时间	模态	3D AP/%				Bird's-Eye View AP/%				运行时间/ms
				Easy	Mod	Hard	mAP	Easy	Mod	Hard	mAP	
汽车(IoU=0.7)	VoxelNet	2018	L	77.81	65.06	55.74	66.20	89.36	78.17	77.24	81.59	231.5
	SECOND	2018	L	84.61	75.99	67.91	76.17	89.92	87.14	79.64	85.57	42
	PointRCNN	2019	L	85.19	75.76	68.30	76.42	90.83	88.32	80.02	86.39	109
	SE-SSD	2021	L	**91.28**	82.50	76.93	**83.57**	**95.36**	**90.64**	86.31	**90.77**	**30.6**
	MV3D	2017	L+I	71.02	62.35	55.10	62.82	86.01	75.90	67.82	76.57	460
	AVOD	2018	L+I	73.56	65.79	59.31	66.22	86.70	85.62	77.72	83.34	80.6
	PointPainting	2020	L+I	87.19	76.54	69.11	77.61	92.45	88.09	83.42	87.95	410
	CLOCs	2020	L+I	88.87	80.67	**77.12**	82.22	93.02	89.74	**86.57**	89.78	116
	TSF(Ours)	—	L+I	89.94	**82.76**	76.04	82.68	93.21	90.41	85.91	85.91	295

类别	方法	时间	模态	3D AP/%				Bird's-Eye View AP/%				运行时间/ms
				Easy	Mod	Hard	mAP	Easy	Mod	Hard	mAP	
行人 (IoU= 0.5)	PointRCNN	2019	L	58.64	49.90	46.27	51.60	—	—	—	—	109
	AVOD	2018	L+I	48.27	41.52	36.85	42.21	52.51	45.29	43.90	47.23	**80.6**
	PointPainting	2020	L+I	58.76	50.12	48.21	52.36	61.61	57.86	54.28	57.91	410
	CLOCs	2020	L+I	65.38	59.31	48.50	57.73	69.10	**68.84**	55.47	64.47	116
	TSF(Ours)	—	L+I	**70.74**	**63.47**	**56.56**	**63.59**	**75.96**	68.61	**61.45**	**68.67**	295
骑车人 (IoU= 0.5)	PointRCNN	2019	L	73.93	59.57	53.51	62.34	—	—	—	—	109
	AVOD	2018	L+I	60.10	44.82	38.84	47.92	63.66	47.67	46.39	52.57	**80.6**
	PointPainting	2020	L+I	77.62	63.74	55.89	65.75	72.41	83.87	61.70	72.66	410
	CLOCs	2020	L+I	84.31	61.08	**58.45**	67.95	**88.64**	64.42	63.04	72.03	116
	TSF(Ours)	—	L+I	**84.72**	**64.22**	56.78	**68.57**	88.56	**84.36**	**63.20**	**78.71**	295

7.6　消融实验

为验证所设计算法模块的有效性和合理性，针对最近群组关联（NGP）与距离-置信度耦合的非极大值抑制（C-D NMS）进行消融实验。本节所有实验均在 KITTI 验证集上完成，以三维目标检测的平均精度——3D AP 作为算法性能的度量指标，并基于预训练的 PointRCNN 架构进行算法的评估。如表 7.2 所示，展示了加入不同模块在中等难度下汽车类别的 3D AP 对比。

表 7.2　每个模块对于网络的贡献

PointRCNN	PointPainting	NGP	C-D NMS	3D AP/%
✓	—	—	—	75.76
✓	✓	—	—	76.54
✓	—	✓	—	79.26
✓	—	—	✓	80.41
✓	—	✓	✓	**83.60**

7.6.1　NGP 模块的有效性

（1）定量分析

如表 7.2 所示，本节利用 PointRCNN 作为激光雷达基线，用于评估 PointPainting 和 NGP 在中等难度汽车类别的三维检测性能。在 3D AP 评价指标中，相比于 PointRCNN 基线，NGP 带来了 3.5% 的精度收益；相比于 PointPainting，NGP 带来了 2.72% 的精度提升。更进一步地，为分析 NGP 对于 PointRCNN 基线自底向上生成候选区域能力的影响，本节比较了在不同候选区域数量下 PointRCNN、PointPainting 和 NGP 的召回率大小，其中召回率的计算如下：

$$Recall = \frac{TP}{TP + FN} \tag{7-5}$$

式中，TP 表示预测为阳性的阳性样本，FN 表示预测为阴性的阳性样本。

如表 7.3 所示，在加入 PointPainting 后，PointRCNN 基线生成正确候选区域的能力得到了提高。本章所提出的 NGP 模块，能够提供相比于 PointPainting 更准确的点云语义信息，这提升了网络对于融合数据的学习能力。表 7.3 中，在候选区域数量相同的情况下，NGP 的召回率要高于 PointRCNN 和 PointPainting，并且当候选区域数量为 300 时，NGP 取得了最高的召回率 91.25%。

表 7.3　不同候选区域数量下三种算法召回率对比

候选区域	Recall(IoU=0.7)		
	PointRCNN	PointPainting	NGP
20	32.55	39.47	44.31
40	40.04	51.02	56.44
60	50.31	69.77	74.10
80	60.10	73.68	77.82
100	74.81	85.03	87.10
200	76.26	87.08	90.14
300	82.23	89.13	91.25

（2）定性分析

为更直观地对比 PointPainting 与 NGP 的差异，本节进行定性分析。如图 7.10(a) 所示，红色框表示 PointPainting 产生的噪声点云，为消除这些噪声点云，本节首先利用实例分割获取目标噪声点云的索引，如图 7.10(b) 所示，然后根据阈值半径和最近邻点创建群组，对噪声点云进行滤除，最终得到比 PointPainting 更准确的语义关联结果，如图 7.10(c) 所示。

(a) PointPainting关联结果　　　　(b) 实例分割　　　　　　(c) NGP关联结果

图 7.10　NGP 的定性分析

7.6.2　C-D NMS 模块的有效性

（1）定量分析

如表 7.2 所示，在原始 PointRCNN 中加入 C-D NMS 后，其 3D AP 达到了

80.41%，相比于 PointRCNN 增加了 4.65%。更进一步地，为探索基于距离的 NMS（D-NMS）和基于置信度的 NMS（C-NMS）的最佳级联策略，本节对 C-D NMS 进行了一系列的消融实验。如表 7.4 所示，本节分别使用 C-NMS 和 D-NMS 保留 PointRCNN 第一阶段生成的不同数量候选区域。

首先，当仅使用 C-NMS，而不使用 D-NMS 时，网络的 3D AP 仅达到了 75.76%；当 C-NMS 保留 1000 个候选区域后，再使用 D-NMS 获得最终的 512 个候选区域时，网络的 3D AP 增加至 80.14%；当继续减少 D-NMS 保留的候选区域数量后，3D AP 仅增加了 0.07%，然而单帧的运行时间却增加了 14.3ms。

接着，本节降低 C-NMS 保留的候选区域数量，并保持 D-NMS 输出不变，网络 3D AP 下降了 0.12%；当增加 C-NMS 并增加 D-NMS 对于候选区域的抑制时，网络 3D AP 略微增加了 0.07%。

最后，当仅使用 D-NMS 时，网络 3D AP 与 C-D NMS 具有相同的性能，但运行时间显著增加。

综上，在权衡 3D AP 与运行时间后，本节在最终的训练阶段中采用 C-NMS 保留 1000 个候选区域，以及 D-NMS 保留 512 个候选区域的级联策略。

表 7.4　C-D NMS 保留不同候选区域数量时的 3D AP 与运行时间对比

C-NMS	D-NMS	3D AP/%	运行时间/ms
512	—	75.76	109
1000	512	80.14	121.7
1000	280	80.21	136
500	280	80.09	114.6
2500	512	80.16	208
—	512	80.14	351

（2）定性分析

本节可视化并对比了不同的 NMS 策略，如图 7.11 所示，绿色点表示二维检测框中心，红色点表示三维候选区域的二维映射点。图 7.11（a）比较了原始 PointRCNN 和 NGP 生成的 1000 个候选区域质量，可以看出 NGP 生成的候选区域能够更集中地进行目标的拟合。更进一步地，本节使用原始 C-NMS 对这两种方法生成的候选区域进行过滤［图 7.11（b）］，从黄色框中可以看出，具有混淆特征的树木或建筑物的候选区域具有较大的置信度分数，这导致 C-NMS 无法滤除假阳性样本，而错误地保留了无意义的候选区域，并且由于远处稀疏点云产生的候选区域具有不显著的特征而获得较低的置信度分数，这导致了 C-NMS 滤除了假阴性样本。更进一步地，当本节使用 C-D NMS 时，可显著地解决 C-NMS 存在的问题［图 7.11（c）］，相机提供的二维信息为候选区域的抑制提供充分的指导，此外，由 NGP 和 C-D NMS 共同生成的候选区域能够更好地描述待检测目标区域。

(a) PointRCNN与NGP生成的候选区域

(b) 基于C-NMS的抑制结果

(c) 基于C-D NMS的抑制结果

图 7.11　C-D NMS 的定性分析

7.6.3　TSF 整体网络的有效性

（1）定量分析

本节在整个网络中同时加入 NGP 和 C-D NMS 模块，所形成的 TSF 的三维 AP 达到了 83.60%，如表 7.2 所示。相比于原始单模态 PointRCNN，TSF 的三维 AP 提升了 7.84%，并在 KITTI 的三维检测基准上超越了大多数多模态融合的方法。为进一步验证 NGP 与 C-D NMS 在不同距离下的三维目标检测效果，本节根据物体在 x 和 y 平面上距离自车激光雷达的欧氏距离，将 KITTI 数据集划分为 30～40m 和 40～50m 两个等级。如图 7.12 所示，对于验证集中汽车类别的三维 AP 和 BEV AP，TSF 的性能显著优于基线网络，特别是对于远距离的三维目标检测（40～50m）。

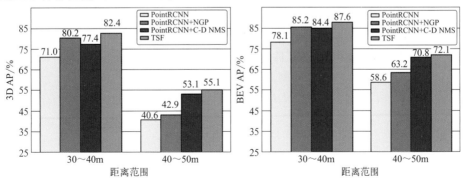

图 7.12　不同距离下各方法的三维 AP 与 BEV AP 对比

（2）定性分析

本节对 TSF 的三维检测结果进行了不同场景下的可视化，并将其与 PointRCNN 结果进行了对比，以突出 TSF 的优越性。如图 7.13（a）所示，TSF 准确地检测到被遮挡的行人，并避免了 PointRCNN 中汽车类别的误检。在图 7.13（b）中，PointRCNN 错误地将交通标志物检测为行人类别，而 TSF 能够轻易地通过图像语义信息区分不同目标。同样，在图 7.13（c）和图 7.13（d）中，TSF 能够准确地在复杂场景中分辨出被遮挡的行人。

(a) 城市公路三维目标检测   (b) 高速公路三维目标检测

(c) 城市街道三维目标检测   (d) 校园场景三维目标检测

图 7.13　TSF 的定性分析

本章小结

本章介绍了如何有效地融合激光雷达点云与相机图像，并进行高精度、高效率的三维目标检测。现阶段的序列融合具有灵活性和模块化的特点，但在充分耦合多模态特征方面仍存在挑战。为克服这一困难，本章提出了一种两阶段序列融合网络：在第一融合阶段，提出通过实例分割和最近群组关联的方法增强点云语义，以提升 PointRCNN 生成候选区域的质量；在第二融合阶段，提出用 C-D NMS 取代 C-NMS 融合来自相机和激光雷达的目标检测结果，以获得更准确的候选区域。实验表明，与 KITTI 数据集三维检测基准上的其他先进方法相比，本章提出的 TSF 能够显著提升三维检测器的检测精度，特别是面对小目标及遮挡目标的三维检测。

第
8
章

基于多模态融合
的环境感知技术

针对复杂交通场景下三维车辆检测方法会受到光照变化、目标遮挡、目标检测距离等问题的影响，本章介绍了一种基于多模态融合的三维目标检测网络——MFF-Net。采用空间变换投影算法将图像特征映射到三维特征空间；设计自适应表达增强融合网络进行特征通道加权，以增强重要特征的表现，并提升网络对特征的指向性；通过增加一维阈值的方式改进非极大值抑制（Non-Maximum Suppression，NMS）方法，降低三维目标检测误检和漏检的概率。

8.1 多模态融合环境感知算法问题描述

环境感知算法为自动驾驶提供了基础条件，为车辆路径规划和行为决策提供了数据支持。自动驾驶汽车需要准确定位和检测空间障碍物，以避免在复杂的交通场景中发生车辆事故。因此，如何以不同的方式实现高精度、高效率的目标检测，越来越受到研究人员的关注。

现有的目标检测算法主要包括：①二维目标检测；②基于点云的三维目标检测；③基于多模态融合的三维目标检测。二维目标检测算法主要包括两种：一种是 R-CNN、Fast R-CNN、Faster R-CNN 等将目标检测问题转化为二分类问题，通过目标检测算法对数据集的优良分类性能提高目标检测精度；另一种是基于回归的目标检测算法，如 YOLO 系列算法，将检测中的目标分类和定位问题集成到同一个网络中进行处理。二维目标检测可以充分利用丰富的视觉信息，但对目标距离信息不敏感，无法实现准确的定位。

在基于点云的三维目标检测算法中，VoxelNet 首先将原始点云体素化，然后学习体素化特征，最后输出三维目标边界框。PointPillars 首先将原始点云转换为稀疏伪图像，然后使用二维目标检测算法对伪图像进行特征提取和检测，回归三维目标边界框。PointRCNN 首先根据预测的点云标签快速检测原始点云，并自上而下地生成一个三维目标边界框。然而，单个激光雷达传感器的目标检测算法检测到的信息过于单一，无法弥补其对小目标检测的不足。

在基于多模态融合的方法中，3D-CVF 给出了一种两阶段深度融合方法来减少信息丢失。该算法可以从多个角度融合二维图像。该网络融合特征丰富，检测精度高。但由于网络结构限制，与端到端算法相比，检测速度较慢。而有些方法通过引入一种新的视觉测量模型来直观地确定目标的类别和形状，从而增强了激光雷达点云和图像融合中的数据关联和运动分类性能。但在复杂场景下，视距容易出现较大误差，导致融合后精度下降。对于使用卷积神经网络（Convolutional Neural Networks，CNN）将激光雷达点云提取的特征与图像特征提取网络融合，对卷积后的候选区域应用感兴趣区域（Region of Interest，RoI）池化，最终输出二维目标检测的分类结果。它实现了视觉分类检测和激光雷达点云距离检测之间的语义一致性，但三维检测性能未得到验证。

目前的算法虽然取得了一定的成功，但仍然面临着以下问题：

① 单个传感器难以应对复杂的交通环境感知信息，摄像头无法捕捉到准确的深度信息，激光雷达无法获取颜色、质地等信息。此外，检测精度还有待进

一步提高。

② 从 KITTI 开源数据集在目标检测中的排名可以看出，现有的融合网络大多较复杂且难以实现实时性，表现出不理想的实时应用效果。

③ 后融合方法，在融合前对不同数据进行目标检测，融合方法比较灵活，但目前研究较少。由于应用有限，很少应用于交通场景中的车辆目标检测。

基于此，本章介绍一种基于多模态特征融合的三维目标检测算法——MFF-Net。突破单一传感器的局限，设计一种空间变换投影（Space Transform Projection，STP）方法，构建自适应表达增强（Adaptive Expressive Enhancement，AEE）融合网络，改进非极大值抑制（Non-Maximum Suppression，NMS）算法，最终实现在复杂交通场景下的三维目标检测。

8.2 MFF-Net 总体框架

本章旨在构建一个实时性好、准确率高的多模态融合三维目标检测网络。选择 3D-CVF 作为骨干网络。采用空间变换投影（Space Transform Projection，STP）算法、自适应表达增强（Adaptive Expressive Enhancement，AEE）融合网络和自适应非极大值抑制（Adaptive Non-Maximum Suppression，A-NMS）边界框去除方法进行网络改进。MFF-Net 的总体网络框架如图 8.1 所示。

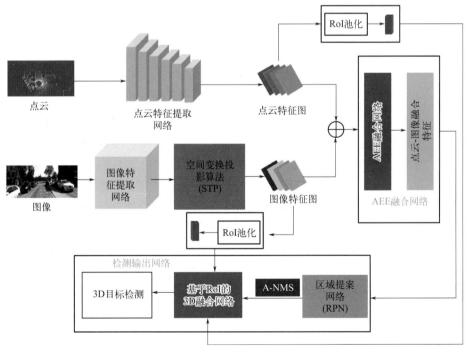

图 8.1　MFF-Net 的总体网络框架

在每个骨干网络处理后，本章分别对点云和图像进行空间变换投影

（STP），将图像特征转换为鸟瞰图（Bird's-Eye View，BEV）特征，然后使用自适应表达增强（AEE）融合网络融合图像和激光雷达点云特征，最后基于感兴趣区域（Region of Interest，RoI）池化（它可以将激光雷达特征图和图像特征图生成固定大小的特征图）的融合网络用于预测方案细化后的检测输出网络。

更具体的是，本章首先将二维图像和三维点云分别输入到各自的特征提取网络中，分别提取相机图像特征和激光雷达点云特征。由于相机图像和激光雷达点云的特征和分布特征不同，首先利用 STP 算法将相机图像特征映射到相机 BEV 特征，与激光雷达点云 BEV 特征高度对应。然后，将相机 BEV 特征和激光雷达 BEV 特征级联并输入到可以改善特征方向性能的 AEE 融合网络中。根据通道注意力机制 SENet，每个特征通道根据其重要性分配不同的权重，以增强级联相机和激光雷达中每个通道的重要特征，同时抑制无用的特征。最后，级联的相机和激光雷达融合特征被输入到检测输出网络。MFF-Net 方法首先使用区域建议网络（Regional Proposal Network，RPN）在级联特征上生成相应的感兴趣区域框，然后将其输入到感兴趣的三维融合网络中进行进一步融合。图像加上激光雷达点云的浅层特征也是更好融合精度的输入。对于卷积神经网络（Convolutional Neural Network，CNN），不同的深度对应不同层次的语义特征。高分辨率的浅层网络学习更详细的特征，低分辨率的深度网络学习更多的语义特征并丢失位置信息。因此，通过结合浅层特征和深层特征，可以弥补两者分开处理的缺点。最后使用 A-NMS 算法过滤掉不重要的边界框，同时进行三维目标检测。

8.2.1 空间变换投影（STP）

针对多模态融合中特征空间不一致，本节将矩阵变换与反向传播（Back Propagation，BP）神经网络相结合，以解决相机图像和激光雷达点云融合过程中特征图在相机坐标系和世界坐标系中表达不同的问题。该算法可以在较少丢失信息的情况下融合两种不同的特征，从而提高三维目标检测精度。MV3D 从特定视角将点云数据投影到二维平面，然后融合来自不同视角的数据以完成认知任务。该方法在 BEV 视角投影时会损失几何结构信息和精度，最终实验结果表明 MV3D 相对适用于大型目标。但是，该方法没有充分利用点云的三维空间信息，仍然难以准确检测出具有丰富局部特征的物体。

为进一步应对多模态融合中相机和激光雷达传感器采集的数据信息存在空间特征分布不同的问题，本节提出 STP 算法。首先给定点云 BEV 上的物体像素点，提取 K 个最近的激光雷达点云；然后将三维点云投影到相机图像平面上，检索相应的图像特征；最后将图像特征和连续的几何偏移量输入到 BP 神经网络中，生成目标像素的特征，如图 8.2 所示。

深度参数连续卷积的主要思想是使用多层感知机作为连续卷积的参数化核函数，参数化核函数连接整个连续域。然而，复杂的连续卷积只可以在有限数量的相邻点上加权。根据每个相邻目标的不同权重及其与目标的相对几何偏移

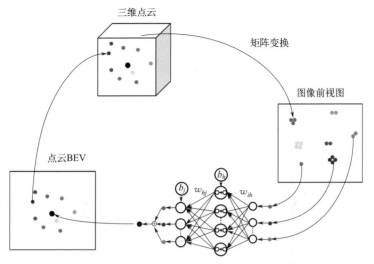

图 8.2　STP 算法执行过程

量，参数连续卷积公式为：

$$h_j = \sum_j \text{MLP}(x_i - x_j) f_j \tag{8-1}$$

式中，j 为索引点 i 的邻域；f_j 是输入特征；x_j 是与点关联的连续坐标。多层感知机（MLP）计算每个相邻点的卷积权重。

本节提出的 STP 算法，首先利用输入的图像特征图和一组激光雷达点云，目标是构建一个密集的 BEV 特征图，其中每个离散像素都包含从图像生成的特征。然后，密集的特征图可以很容易地与从激光雷达点云中提取的 BEV 特征图融合。最后，利用 BP 神经网络融合来自这 K 个最近点的信息以弥补目标像素未观察到的特征信息。BP 神经网络的输入由两部分组成：首先通过将原始点云投影到图像平面上，提取相应的图像特征；其次，使用双线性插值用于获取连续坐标处的图像特征。

原始点云和目标像素之间的三维邻域偏移量在密集 BEV 特征图上进行编码，以对激光雷达点云的依赖性进行建模。总的来说，每个目标像素都为 BP 神经网络提供输入。对于每个目标像素，BP 神经网络通过将所有相邻像素的 BP 神经网络输出相加来输出特征。公式如下：

$$h_i = \sum_j BP(\text{concat}[f_j, x_j - x_i]) \tag{8-2}$$

式中，f_j 是点 j 的输入图像特征，$x_j - x_i$ 是从相邻点 j 到目标 i 的三维偏移量，$\text{concat}(\cdot)$ 是多个向量的串联。在实验中，本方法使用了一个 3 层感知机，其中每一层都有隐藏的特征。

STP 算法可以解决图像与点云特征空间不一致的问题，进一步在特征映射通道中通过拼接融合来丰富网络特征信息。

8.2.2　自适应表达增强（AEE）融合

在实际的目标检测场景中，现有网络有时无法关注或遗漏重要的目标特征。

因此，本节采用自适应表达增强（AEE）融合网络来增强不同特征的表现力，关注重要特征。

SENet 中提出的挤压和激励（Squeeze and Excite，SE）模块通常用于图像域的特征提取，本节介绍了注意力机制 SE 模块在多模态融合中的应用，构建 AEE 融合网络。SE 模块如图 8.3 所示，Fsq（'·'）表示挤压操作，Fex（·，W）表示激励操作，$Fscale$（'·'）表示特征重标定。SE 模块对卷积得到的特征图进行处理，获得一个等于通道数的一维向量作为每个通道的评价分数。然后，将分数分配给相应的通道以导出输出结果。

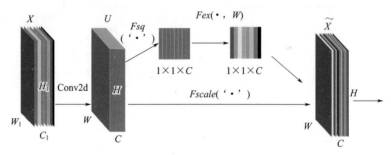

图 8.3　SE 模块示意图

SE 模块的具体实现过程如图 8.4 所示。在挤压操作中，通过最大池化（Max Pooling）操作使候选尺寸变为 1×1。在激励操作中，第一个全连接层也用于减少通道数，是通过减少通道数从而减少计算量的缩放因子。本节通过大量实验证明，当缩放因子为 16 时效果最佳。如果使用 ReLU 激活函数，特征维度不变。第二个全连接层用于维度，通道数改回 C；sigmoid 函数用于输出每个通道的权重；最后通过其特征重标定，将权重乘以原来对应的通道，得到加权后的特征层。

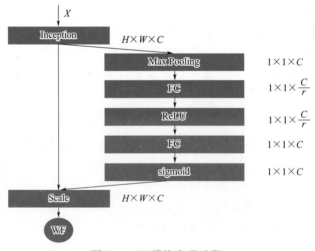

图 8.4　SE 模块实现过程

本节借助 SE 模块构成的 AEE 融合网络如图 8.5 所示。AEE 融合网络首先将特征提取网络提取的点云 BEV 特征与经过 STP 算法后的图像特征进行级联，得到级联后的相机和激光雷达特征；然后通过 AEE 融合网络的加权操作，输出不同权重的相机和激光雷达融合特征。本节实验表明，当通道数 $C=96$ 时，特征数最多，此时加入 SE 模块可以获得最大的特征层感受野，有助于输出不同权重的融合特征。经大量实验验证，SE 模块降参设置为 16 时效果最佳。

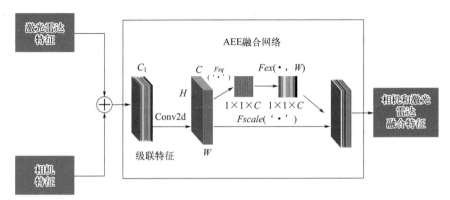

图 8.5　AEE 融合网络架构

8.2.3　自适应非极大值抑制（A-NMS）算法

为了进一步提高基于多传感器特征融合的三维目标检测算法的准确性，删除生成的大量三维边界框是不可避免的。因此，本节根据现有的非极大值抑制（Non-Maximum Suppression，NMS）算法设计了一种有效的自适应非极大值抑制（Adaptive Non-Maximum Suppression，A-NMS）算法。

NMS 是一种常用的方法，用于确定目标检测任务中的候选区域。它根据分数对所有边界框进行排序，选择得分最高的边界框，并使用预定义的阈值抑制与得分最高的边界框显著重叠的所有其他边界框。这个过程递归地应用于剩余的边界框，并计算与其他候选区域的交并比（IoU），其中 IoU 是预测框和真实框之间的交集和并集的比率。当 IoU 大于某个阈值时，对其进行抑制，以达到确定最优候选区域的目的。NMS 算法的公式如下：

$$S_i = \begin{cases} s_i, & IoU(M,b_i) < N_t \\ 0, & IoU(M,b_i) \geqslant N_t \end{cases} \tag{8-3}$$

式中，S_i 为候选区域对比计算后的得分；s_i 为候选区域的初始得分；M 为得分最高的候选区域；b_i 为当前候选区域；$IoU(M,b_i)$ 为 M 与 b_i 之间的 IoU；N_t 为设定的阈值。

在三维目标检测中，图像中的多个目标可能存在不同程度的遮挡。多个目标的候选区域会因为 IoU 过大而被抑制，结果会遗漏一些目标。为了解决这个问题，基于 NMS 的 Soft-NMS 将所有其他目标的检测分数衰减为权重惩罚连续函数，该函数与具有最大分数的边界框重叠。计算公式如下：

$$S_i = \begin{cases} s_i, & IoU(M,b_i) < N_t \\ s_i \times [1 - IoU(M,b_i)], & IoU(M,b_i) \geqslant N_t \end{cases} \tag{8-4}$$

尽管 Soft-NMS 算法减少了 NMS 算法在多个目标检测中的漏检现象，但仍有一些不足。实验表明，Soft-NMS 算法存在重复检测和目标误分类。

针对 Soft-NMS 存在的问题，本节提出了一种自适应非极大值抑制 (A-NMS) 算法。A-NMS 算法在 Soft-NMS 算法的基础上增加了一维阈值 N_i，且 $N_t < N_i$。如果候选区域 b_i 与得分最高的候选区域 M 的交并比 $IoU(M,b_i) > N_i$，则直接抑制；如果 $N_t \leqslant IoU(M,b_i) \leqslant N_i$，则对候选区域进行惩罚，权重比率与原始分数相结合作为惩罚因子；如果 $IoU(M,b_i) < N_t$，说明 b_i 和 M 之间的重叠区域很小，则不需要抑制，保持原来的分数。A-NMS 算法的数学表达式如下：

$$S_i = \begin{cases} s_i, & IoU(M,b_i) < N_t \\ s_i \times [1 - IoU(M,b_i)], & N_t \leqslant IoU(M,b_i) \leqslant N_i \\ 0, & IoU(M,b_i) > N_i \end{cases} \tag{8-5}$$

本节提出的 A-NMS 算法结合了 NMS 和 Soft-NMS 算法的优点，并增加了一个一维阈值。这种二维阈值方法可以降低候选区域中目标漏检和误检的概率。

至此，本章已经成功构建了用于三维目标检测的多模态特征融合网络——MFF-Net。具体来说，首先在图像特征提取网络之后嵌入 STP 算法，使图像特征提取网络提取的特征与点云特征更好地融合；然后，在激光雷达和相机级联特征之后嵌入一个 AEE 融合网络，使网络更加关注物体的重要特征；最后，使用 A-NMS 算法去除大量重叠的边界框，提高 MFF-Net 整体网络三维目标检测精度。

8.3　实验设置

8.3.1　实验环境

本节实验环境基于 Ubuntu18.04，搭配显卡 RTX3060，使用第三方库 Pytorch1.8.0，开发语言 Python3.7.5，如表 8.1 所示。

表 8.1　实验环境

开发环境	环境配置
CPU	i7-10700
GPU	GeForce RTX 3060
操作系统	Ubuntu18.04
开发语言	Python3.7.5
第三方库	Pytorch1.8.0

8.3.2 网络细节

在图像特征提取网络中，本章采用 MobileNetv2 作为基础卷积层。模型使用已经训练好的 MobileNetv2 的前几层参数作为图像特征提取器的初始卷积核值，以节省训练时间。网络采用随机梯度下降法作为优化函数，引导网络训练朝着损失函数下降的方向进行。

在激光雷达点云特征提取网络中，根据 PointNet 直接坐标卷积设计点云的输入特征学习层。计算原始数据坐标信息，得到输入特征图。然后，使用卷积神经网络（CNN）完成点云的特征提取。

8.3.3 KITTI 数据集评价指标

KITTI 数据集评价指标为通用的三维目标检测评价指标：精度（Precision，P）、召回率（Recall，R）、平均精度（Average Precision，AP）、平均 AP（mean Average Precision，mAP）。公式如下：

$$P = \frac{TP}{TP+FP} \tag{8-6}$$

$$R = \frac{TP}{TP+FN} \tag{8-7}$$

式中，TP 表示真正例；FP 表示假正例；FN 表示假负例。

本章将 R 分为 11 个点（0.0,0.1,0.2,…,1.0），为了从多个方面对网络模型进行评价，在目标检测任务中一般选择平均精度作为判断指标。目标检测任务中的 AP 与传统的数理统计有不同的定义。在网络模型中，召回率是横坐标，精度是纵坐标，可以画出精度和召回率（P-R）曲线。P-R 曲线与坐标轴围成的面积即为 AP 值。

8.3.4 网络训练参数

在 KITTI 数据集上，MFF-Net 训练参数设置如下：训练集中使用 Mini-batch 减少计算量，batch size 设置为 6，初始网络训练集上的学习率为 0.00256。第 800 代和第 850 代的学习率降低到原来的 10%，避免后期网络学习率过大，导致训练时抖动过大造成损失，网络在后期收敛速度慢。为保证对比实验的公平性，基线网络 3D-CVF 的训练参数以及 STP 算法和 AEE 融合网络的加入与 MFF-Net 网络的训练参数保持一致。对于 nuScenes 数据集，本章采用与 KITTI 数据集中相同的学习率来训练网络，batch size 设置为 2。由于 nuScenes 数据集中的类不平衡问题，本章加入 DS 采样来缓解这个问题。

8.4 实验结果和分析

为了验证 MFF-Net 的有效性，基于 KITTI 和 nuScenes 数据集进行了实验评估。

8.4.1 KITTI 测试结果与分析

本节对预测值和实际真值进行了统计。在设置不同的分类阈值时，以边界框 IoU 和分类得分阈值作为变量计算验证集的召回率 R 和精度 P。在验证集上绘制模型的 P-R 曲线，计算网络检测的平均精度 AP。计算不同阈值下的 TP、FP、FN，并在 P-R 坐标系上绘制二维和三维目标检测的召回率和精度，结果如图 8.6 所示。

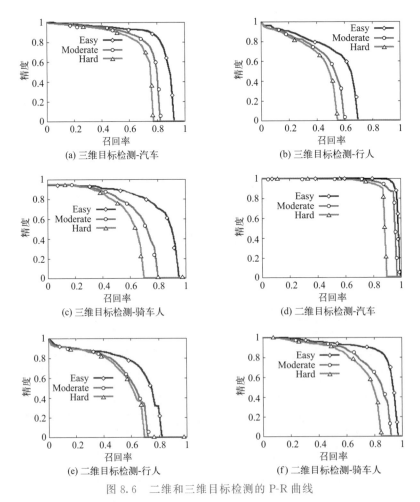

图 8.6 二维和三维目标检测的 P-R 曲线

图 8.6 中，Easy、Moderate 和 Hard 是根据目标所占像素值的大小和遮挡

程度来划分的。计算 P-R 曲线围成的面积，即可得到网络的平均精度，如表 8.2 所示，其中包括二维和三维目标检测的平均精度。

表 8.2　网络模型评估 AP

基准	三维检测 AP/%			二维检测 AP/%		
	Easy	Moderate	Hard	Easy	Moderate	Hard
汽车	90.96	81.46	75.39	94.67	91.36	84.11
行人	58.68	49.49	45.72	63.53	54.03	51.89
骑车人	77.48	62.28	50.55	87.25	77.26	71.05

表 8.3 为 MFF-Net 与目前在各种 KITTI 数据集列表中流行的三维目标检测网络之间的实验比较结果。在单模态检测中，本节选择了 VoxelNet、PointRCNN、SECOND、PointPillars 和 STD 网络；在多模态融合网络中，本节选择了 PointPainting、MV3D、AVOD、F-PointNet 和 3D-CVF 网络。根据表 8.3，本章提出的 MFF-Net 网络与其他网络相比具有明显的优势。虽然它在检测速度上比某些网络慢，但在 Easy、Moderate 和 Hard 三个重要的评估指标上达到了 90.96%、81.46% 和 75.39% 的平均精度。与基线 3D-CVF 网络在 Easy、Moderate 和 Hard 评估指标上的平均精度相比，MFF-Net 的精度分别提高了 2.27%、2.81% 和 2.66%。

表 8.3　KITTI 验证集的不同算法比较

算法		模态	运行时间/ms	三维 AP/%		
				AP(Easy)	AP(Moderate)	AP(Hard)
单模态检测	VoxelNet	激光雷达	220	77.36	65.33	57.64
	PointRCNN	激光雷达	100	87.41	75.29	68.20
	SECOND	激光雷达	50	83.41	73.31	66.21
	PointPillars	激光雷达	16.8	82.40	75.12	67.25
	STD	激光雷达	80	87.89	79.86	74.65
多模态融合网络	PointPainting	激光雷达和相机	103	82.10	74.86	67.01
	MV3D	激光雷达和相机	240	71.12	62.24	55.34
	AVOD	激光雷达和相机	80	77.30	68.38	63.80
	F-PointNet	激光雷达和相机	168	81.23	70.44	62.13
	3D-CVF	激光雷达和相机	78	88.69	78.65	72.73
MFF-Net		激光雷达和相机	80	**90.96**	**81.46**	**75.39**

表 8.4 为 MFF-Net 与使用 YOLOv4 和 YOLOv5 在 KITTI 数据集上测量的二维目标检测精度之间的实验比较结果。从表 8.4 中可以看出，MFF-Net 网络与其他二维目标检测网络相比具有明显的优势。尽管检测速度慢于 YOLOv4 和 YOLOv5 网络，但 MFF-Net 网络在三个重要评估指标上的平均精度分别达到 94.67%、91.36% 和 84.11%。Easy、Moderate、Hard 评估指标的平均精度高于 YOLOv4 和 YOLOv5。

表 8.4　在 KITTI 验证集上与不同二维目标检测算法进行比较的结果

算法	模态	运行时间/ms	二维 AP/%		
			AP(Easy)	AP(Moderate)	AP(Hard)
YOLOv4	相机	28	91.84	89.37	77.56
YOLOv5	相机	36	92.41	90.49	79.82
MFF-Net	激光雷达和相机	80	**94.67**	**91.36**	**84.11**

8.4.2　nuScenes 测试结果与分析

本节还在 nuScenes 数据集上测试了 MFF-Net，以验证多模态融合获得的性能提升。为此，本节将提出的 MFF-Net 网络结构与其他网络进行了比较，只是没有使用相机结果。为了保证比较的公平性，本节也将 DS 采样策略应用于基线网络。为了比较实验结果，本节还增加了 SECOND、PointPillars、PMPNet、CVCNet 和 HotSpotNet 的性能。

表 8.5 提供了现阶段其他几个流行的三维目标检测网络实现的 10 个类的平均精度 AP、mAP 和 NDS。其中，在 nuScenes 训练集上训练模型，并在 nuScenes 验证集上对其进行评估。其他方法的性能是通过复制它们的官方代码获得的。表中的加粗数字表示该列中性能最好的方法的数据。从表 8.5 可以看出，在 mAP 和 NDS 的指标中，MFF-Net 在 mAP 和 NDS 评价指标方面的性能分别比基线网络提高了 5.5% 和 6.2%。本章提出的方法在所有类别的 AP 方面始终优于基线网络。与表 8.5 中的其他方法相比，MFF-Net 也表现出了更好的性能。

表 8.5　nuScenes 验证集上与其他方法性能的比较

分类	Car	Ped.	Bicy.	Bus	Tra.	Bar.	Mot.	Tru.	T.C.	mAP	NDS
SECOND	67.3	57.6	1.0	33.5	5.4	27.5	15.2	22.8	23.7	25.5	34.7
PointPillars	68.4	59.7	1.1	28.2	23.4	38.9	27.4	23.0	30.8	30.5	39.8
PMPNet	76.7	72.5	7.9	44.1	39.1	42.8	37.7	30.6	54.8	42.3	49.1
CVCNet	78.7	77.8	29.4	40.6	46.4	67.9	53.1	41.1	60.6	51.4	58.3
HotSpotNet	79.2	78.3	33.6	51.4	**49.3**	**68.6**	**60.5**	47.9	**69.0**	55.8	62.0
LiDAR-Only Baseline	78.2	70.7	30.5	52.6	42.1	59.7	54.8	43.2	56.9	50.6	57.4
MFF-Net	**82.6**	**78.5**	**34.8**	**55.9**	47.4	67.4	59.7	**48.9**	63.8	**56.1**	**63.6**

8.5　消融实验

为了验证 STP 算法、AEE 融合网络和 A-NMS 算法的有效性，针对不同的网络模块设计了消融实验，所有消融实验均基于 KITTI 数据集进行。

8.5.1 定量实验分析

表 8.6 展示了原始基线 3D-CVF 网络、STP 算法、AEE 融合网络、A-NMS 算法在 KITTI 验证集上的目标测试结果。对每个网络的性能进行了详细比较,包括网络检测精度和速度。测试数据具体分析如下:

① 如表 8.6 所示,STP 算法在 KITTI 数据集上的平均检测精度 mAP 为 80.32%,比基线网络 3D-CVF 提高了 0.3 个百分点。STP 算法改变了基线网络 3D-CVF 的交叉投影变换方式。实验结果证明:STP 算法将二维图像特征转化为点云 BEV 特征。该方法使两个特征之间具有更好的对应关系,从而可以提高目标检测的准确性。同时,与 3D-CVF 相比,加入 STP 算法后的运行时间仅增加了 0.8ms 左右,网络仍然具有较快的检测速度。实验结果表明,STP 算法在提高 3D-CVF 检测精度的同时,仅增加了少量的计算量。

② 从表 8.6 可以看出,STP 算法和 AEE 融合网络的同时加入体现了对重要特征的重视和对无用特征的抑制。三维目标检测在 KITTI 数据集上的平均精度为 81.72%,高于仅加入 STP 算法,提升 1.4%,运行时间仅增加 0.5ms 左右,仍能保证检测的实时性。

③ 为了去除 RPN 在三维目标检测过程中提取的大量不必要的重叠边界框,本章提出了 MFF-Net,其在 KITTI 数据集上的平均三维目标检测精度为 82.60%。与 3D-CVF 基线模型相比,性能提升了 2.58%。

表 8.6 添加各模块后的性能对比

算法	模态	STP	AEE	A-NMS	运行时间/ms	三维检测mAP/%	三维检测 AP/%		
							Easy	Moderate	Hard
3D-CVF	激光雷达＋相机				78.0	80.02	88.69	78.65	72.73
MFF-Net	激光雷达＋相机	√			78.8	80.32	88.93	78.89	73.16
		√	√		79.3	81.72	90.06	80.64	74.45
		√	√	√	80.0	82.60	90.96	81.46	75.39

以上实验结果表明,本章算法设计中加入的模块可以学习到通道之间的相关性,并筛选出对通道的注意力。虽然计算量略有增加,但不影响实时检测,得到了预期的结果。本章提出的 MFF-Net 具有较高的检测精度,随着网络硬件的发展,实时性将进一步提高。

需要注意的是,本章设计的 STP 算法可以使得到的 BEV 图像特征更接近于点云 BEV 特征。通过使用 AEE 融合网络,给每个特征通道赋予不同的权重,增加重要的模型特征,抑制不重要的特征,从而增强特征的方向性。特别是在识别一些被遮挡和截断的目标时,可以充分提取无关紧要的特征进行判断,大大降低了目标检测中的漏检率。通过加入 A-NMS 算法和优化 Soft-NMS 算法,三维目标边界框更加准确,降低了被遮挡和截断目标的误检概率。以上实验表明,构建的 MFF-Net 网络在保持实时检测速度的同时,可以有效提高网络检测精度。因此，该网络更适合自动驾驶场景下的三维目标检测。

8.5.2　定性实验分析

本章方法的可视化测试结果如图 8.7～图 8.11 所示。选取 KITTI 验证集图像和点云数据，测试 MFF-Net 网络在不同复杂场景下的车辆目标检测效果。以下分析主要是针对不同光照、不同遮挡程度、不同检测距离下漏检、误检目标结果的演示分析。

图 8.7 展示了网络 MFF-Net 在道路场景中，光照发生变化的情况下三维目标检测的结果。其中，上图为点云检测结果，绿色三维边界框为网络的汽车检测边界框，黄色三维边界框为骑车人，蓝色三维边界框为行人。为了更好地可视化检测结果，本章将检测到的三维框投影到下图中，从而分别生成绿色、黄色和蓝色的二维边界框。可以看出，在有阴影和光照不足的情况下，如图 8.7

(a)　　　　　　　　　　　　(b)

(c)　　　　　　　　　　　　(d)

(e)　　　　　　　　　　　　　　　　　　　(f)

图 8.7　不同照明条件下的测试结果

(a) 和图 8.7(f) 所示,路面强光和反射光检测如图 8.7(b)～(e) 所示,本章设计的网络仍然有很好的检测效果,证明本章提出的方法对光照变化有很好的适应能力,并且该网络还具有一定的检测行人、自行车等小物体的能力。

图 8.8 和图 8.9 展示了不同遮挡程度下的三维目标检测结果。可以看出,本章设计的模型在图 8.8(a)(b) 轻微遮挡的情况下,以及在图 8.9(a)(b) 复杂场景车辆严重遮挡的情况下均有较好的检测效果。因此,本章提出的方法适合复杂交通场景中的三维目标检测。

(a) 有遮挡的场景　　　　　　　　　　　　(b) 没有遮挡的场景

图 8.8　城市街道场景中的检测结果

图 8.10 展示了本章提出的 MFF-Net 网络在不同距离下的检测结果。从图中可以看出,该网络在不同距离下具有强大的三维目标检测能力。

图 8.11 展示了本章提出的 MFF-Net 网络在道路场景中的漏检情况。从图中看出,其漏检了下图中黑色框中的车辆,造成漏检的可能原因是网络在复杂

(a) 十字路口　　　　　　　　　　(b) 复杂的街道

图 8.9　复杂场景中车辆被严重遮挡时的检测结果

(a) 短距离　　　　　　　　　　(b) 长距离

图 8.10　不同距离下的物体检测结果

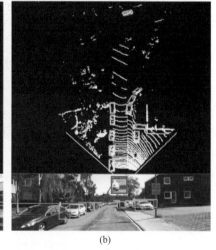

(a)　　　　　　　　　　　　(b)

图 8.11　漏检下的测试结果

交通环境和高密度遮挡下的三维目标检测性能有待进一步提升。

本章小结

　　本章介绍了一种用于三维目标检测的多模态特征融合方法——MFF-Net。首先，将图像特征图转化为与点云鸟瞰图特征高度对应的图像鸟瞰图特征，以更好地拼接图像特征和点云特征。然后，使用注意力机制来增加不同特征的表现力，关注重要特征，同时抑制不必要的特征。最后，为了进一步提高目标检测算法在整个融合网络中的准确性，本章提出了一种自适应非极大值抑制方法来去除网络检测过程中产生的大量重叠边界框。经实验验证，该算法在nuScenes 和 KITTI 数据集上的三维目标检测基准上取得了先进的检测结果，在面对复杂交通环境场景时也有较好的表现。

参 考 文 献

[1] 王佳荣. 面向自动驾驶的多传感器三维环境感知系统关键技术研究 [D]. 长春：中国科学院大学（中国科学院长春光学精密机械与物理研究所），2020.

[2] Sun P，Kretzschmar H，Dotiwalla X，et al. Scalability in perception for autonomous driving：Waymo open dataset [C]//Proceedings of the IEEE/CVF Conference on Computer Vision and Pattern Recognition，2020：2446-2454.

[3] Girshick R. Fast r-cnn [C]//Proceedings of the IEEE International Conference on Computer Vision，2015：1440-1448.

[4] Redmon J，Divvala S，Girshick R，et al. You only look once：Unified，real-time object detection [C]//Proceedings of the IEEE Conference on Computer Vision and Pattern Recognition，2016：779-788.

[5] 王泽杰. 基于多模态和多模型融合的三维目标检测 [D]. 上海：华东师范大学，2022.

[6] Yan C，Salman E. Mono3D：Open source cell library for monolithic 3-D integrated circuits [J]. IEEE Transactions on Circuits and Systems I：Regular Papers，2017，65（3）：1075-1085.

[7] Chen X，Kundu K，Zhu Y，et al. 3D object proposals using stereo imagery for accurate object class detection [J]. IEEE Transactions on Pattern Analysis and Machine Intelligence，2017，40（5）：1259-1272.

[8] Pham C C，Jeon J W. Robust object proposals re-ranking for object detection in autonomous driving using convolutional neural networks [J]. Signal Processing：Image Communication，2017，53：110-122.

[9] 陈新禾. 基于深度学习的目标检测算法研究 [D]. 芜湖：安徽工程大学，2023.

[10] Wang Y，Chao W L，Garg D，et al. Pseudo-lidar from visual depth estimation：Bridging the gap in 3D object detection for autonomous driving [C]//Proceedings of the IEEE/CVF Conference on Computer Vision and Pattern Recognition，2019：8445-8453.

[11] You Y，Wang Y，Chao W L，et al. Pseudo-lidar++：Accurate depth for 3D object detection in autonomous driving [J]. arXiv Preprint arXiv：1906.06310，2019.

[12] Li Y，Ge Z，Yu G，et al. Bevdepth：Acquisition of reliable depth for multi-view 3D object detection [J]. arXiv Preprint arXiv：2206.10092，2022.

[13] Caesar H，Bankiti V，Lang A H，et al. nuScenes：A multimodal dataset for autonomous driving [C]//Proceedings of the IEEE/CVF Conference on Computer Vision and Pattern Recognition，2020：11621-11631.

[14] Zhang Y，Zhu Z，Zheng W，et al. BEVerse：Unified perception and prediction in birds-eye-view for vision-centric autonomous driving [J]. arXiv Preprint arXiv：2205.09743，2022.

[15] Can Y B，Liniger A，Paudel D P，et al. Structured bird's-eye-view traffic scene understanding from onboard images [C]//Proceedings of the IEEE/CVF International Conference on Computer Vision，2021：15661-15670.

[16] Zhou Y，Tuzel O. Voxelnet：End-to-end learning for point cloud based 3D object detection [C]//Proceedings of the IEEE Conference on Computer Vision and Pattern Recognition，2018：4490-4499.

[17] Yan Y，Mao Y，Li B. Second：Sparsely embedded convolutional detection [J]. Sensors，2018，18（10）：3337.

[18] Baxter J. A Bayesian/information theoretic model of learning to learn via multiple task sampling [J]. Machine Learning，1997，28：7-39.

[19] Wang W，Xie E，Li X，et al. Pyramid vision transformer：A versatile backbone for dense prediction without convolutions [C]//Proceedings of the IEEE/CVF International Conference on Computer Vision，2021：568-578.

[20] 李龙. 面向自动驾驶场景的目标检测与跟踪算法研究 [D]. 芜湖：安徽工程大学，2023.

[21] Zhou B，Zhao H，Puig X，et al. Semantic understanding of scenes through the ade20k dataset [J]. International Journal of Computer Vision，2019，127：302-321.

[22] Wang W，Xie E，Li X，et al. Pvt v2：Improved baselines with pyramid vision transformer [J]. Computational Visual Media，2022，8（3）：415-424.

[23] Li W，Wang X，Xia X，et al. Sepvit：Separable vision transformer [J]. arXiv Preprint arXiv：2203.15380，2022.

[24] Liu Z，Hu H，Lin Y，et al. Swin transformer v2：Scaling up capacity and resolution [C]//Proceedings of the IEEE/CVF Conference on Computer Vision and Pattern Recognition，2022：12009-12019.

[25] Chu X，Tian Z，Wang Y，et al. Twins：Revisiting the design of spatial attention in vision transformers [J]. Advances in Neural Information Processing Systems，2021，34：9355-9366.

[26] Yin T，Zhou X，Krahenbuhl P. Center-based 3D object detection and tracking [C]//Proceedings of the IEEE/CVF Conference on Computer Vision and Pattern Recognition，2021：11784-11793.

[27] Shi S，Wang Z，Shi J，et al. From points to parts：3D object detection from point cloud with part-aware and part-aggregation network [J]. IEEE Transactions on Pattern Analysis and Machine Intelligence，2020，43（8）：2647-2664.

[28] Deng J，Shi S，Li P，et al. Voxel r-cnn：Towards high performance voxel-based 3D object detection [C]//Proceedings of the AAAI Conference on Artificial Intelligence，2021，35（2）：1201-1209.

[29] Lang A H，Vora S，Caesar H，et al. Pointpillars：Fast encoders for object detection from point clouds [C]//Proceedings of the IEEE/CVF Conference on Computer Vision and Pattern Recognition，2019：12697-12705.

[30] Wang J，Lan S，Gao M，et al. Infofocus：3D object detection for autonomous driving with dynamic information modeling [C]//European Conference on Computer Vision，Springer，Cham，2020：405-420.

[31] Shi G，Li R，Ma C. PillarNet：High-performance pillar-based 3D object detection [J]. arXiv Preprint arXiv：2205.07403，2022.

[32] Ye M，Xu S，Cao T. Hvnet：Hybrid voxel network for lidar based 3D object detection [C]//Proceedings of the IEEE/CVF Conference on Computer Vision and Pattern Recognition，2020：1631-1640.

[33] Wang Z，Jia K. Frustum convnet：Sliding frustums to aggregate local point-wise features for amodal 3D object detection [C]//2019 IEEE/RSJ International Conference on Intelligent Robots and Systems（IROS），IEEE，2019：1742-1749.

[34] Liu Z，Tang H，Amini A，et al. BEVFusion：Multi-task multi-sensor fusion with unified bird's-eye view representation [J]. arXiv Preprint arXiv：2205.13542，2022.

[35] Chen X，Ma H，Wan J，et al. Multi-view 3D object detection network for autonomous driving [C]//Proceedings of the IEEE Conference on Computer Vision and Pattern Recognition，2017：1907-1915.

[36] Ku J，Mozifian M，Lee J，et al. Joint 3D proposal generation and object detection from view aggregation [C]//2018 IEEE/RSJ International Conference on Intelligent Robots and Systems（IROS），IEEE，2018：1-8.

[37] Qi C R，Liu W，Wu C，et al. Frustum pointnets for 3D object detection from rgb-d data [C]//Proceedings of the IEEE Conference on Computer Vision and Pattern Recognition，2018：918-927.

[38] Du X，Ang M H，Karaman S，et al. A general pipeline for 3D detection of vehicles [C]//2018 IEEE International Conference on Robotics and Automation（ICRA），IEEE，2018：3194-3200.

[39] Vora S，Lang A H，Helou B，et al. Pointpainting：Sequential fusion for 3D object detection [C]//Proceedings of the IEEE/CVF Conference on Computer Vision and Pattern Recognition，2020：4604-4612.

[40] Yin T，Zhou X，Krähenbühl P. Multimodal virtual point 3D detection [J]. Advances in Neural Information Processing Systems，2021，34：16494-16507.

[41] Li Y，Yu A W，Meng T，et al. Deepfusion：Lidar-camera deep fusion for multi-modal 3D object detection [C]//Proceedings of the IEEE/CVF Conference on Computer Vision and Pattern Recognition，2022：17182-17191.

[42] Zhang W，Wang Z，Loy C C. Exploring data augmentation for multi-modality 3D object detection [J]. arXiv Preprint arXiv：2012.12741，2020.

[43] Li Z，Wang W，Li H，et al. Bevformer：Learning bird's-eye-view representation from multi-camera images via spatiotemporal transformers [C]//Computer Vision-ECCV 2022：17th European Conference，Tel Aviv，

Israel，October 23-27，2022，Proceedings，Part IX. Cham：Springer Nature Switzerland，2022：1-18.

[44]　Lin X，Lin T，Pei Z，et al. Sparse4D：Multi-view 3D object detection with sparse spatial-temporal fusion [J]. arXiv Preprint arXiv：2211.10581，2022.

[45]　Jiang Y，Zhang L，Miao Z，et al. Polarformer：Multi-camera 3D object detection with polar transformers [J]. arXiv Preprint arXiv：2206.15398，2022.

[46]　Dai Y，Wang J，Li J，et al. MDRNet：A lightweight network for real-time semantic segmentation in street scenes [J]. Assembly Automation，2021，41（6）：725-733.

[47]　Koh J，Lee J，Lee Y，et al. MGTANet：Encoding sequential LiDAR points using long short-term motion-guided temporal attention for 3D object detection [J]. arXiv Preprint arXiv：2212.00442，2022.

[48]　Ye D，Zhou Z，Chen W，et al. Lidarmultinet：Towards a unified multi-task network for lidar perception [J]. arXiv Preprint arXiv：2209.09385，2022.

[49]　Deng S，Liang Z，Sun L，et al. VISTA：Boosting 3D object detection via dual cross-view spatial attention [C]//Proceedings of the IEEE/CVF Conference on Computer Vision and Pattern Recognition，2022：8448-8457.

[50]　Chen Z，Li Z，Zhang S，et al. AutoAlign：Pixel-instance feature aggregation for multi-modal 3D object detection [J]. arXiv Preprint arXiv：2201.06493，2022.

[51]　Yang Z，Chen J，Miao Z，et al. Deepinteraction：3D object detection via modality interaction [J]. arXiv Preprint arXiv：2208.11112，2022.

[52]　Liu H，Xu Z，Wang D，et al. PAI3D：Painting adaptive instance-prior for 3D object detection [J]. arXiv Preprint arXiv：2211.08055，2022.

[53]　马展鹏. 基于激光雷达与视觉信息融合的赛道识别方法研究 [D]. 哈尔滨：哈尔滨工业大学，2021.

[54]　倪春辉. 多传感器联合标定及其应用 [D]. 南京：南京邮电大学，2022.

[55]　曹雨. 基于合作目标和单相机的空间相对位姿测量方法研究 [D]. 天津：天津大学，2017.

[56]　Zhang Z. Flexible camera calibration by viewing a plane from unknown orientations [C]//Proceedings of the Seventh IEEE International Conference on Computer Vision，1999，1：666-673.

[57]　项志宇，郑路. 摄像机与 3D 激光雷达联合标定的新方法 [J]. 浙江大学学报：工学版，2009，43（8）：1401-1405.

[58]　李琳，张旭，屠大维. 二维和三维视觉传感集成系统联合标定方法 [J]. 仪器仪表学报，2012，33（11）：2473.

[59]　Quigley M，Conley K，Gerkey B，et al. ROS：An open-source Robot Operating System [C]//ICRA Workshop on Open Source Software，2009，3（3.2）：5.

[60]　Kato S，Tokunaga S，Maruyama Y，et al. Autoware on board：Enabling autonomous vehicles with embedded systems [C]//2018 ACM/IEEE 9th International Conference on Cyber-Physical Systems（ICCPS），2018：287-296.

[61]　Arnold E，Al-Jarrah O Y，Dianati M，et al. A survey on 3D object detection methods for autonomous driving applications [J]. IEEE Transactions on Intelligent Transportation Systems，2019，20（10）：3782-3795.

[62]　Geiger A，Lenz P，Stiller C，et al. Vision meets robotics：The kitti dataset [J]. The International Journal of Robotics Research，2013，32（11）：1231-1237.

[63]　Shi S，Wang X，Li H. Pointrcnn：3D object proposal generation and detection from point cloud [C]//Proceedings of the IEEE/CVF Conference on Computer Vision and Pattern Recognition，2019：770-779.

[64]　Neubeck A，Van Gool L. Efficient non-maximum suppression [C]//18th International Conference on Pattern Recognition（ICPR'06），IEEE，2006，3：850-855.

[65]　He K，Gkioxari G，Dollár P，et al. Mask r-cnn [C]//Proceedings of the IEEE International Conference on Computer Vision，2017：2961-2969.

[66]　王亚丽. 基于毫米波雷达与机器视觉融合的前方车辆检测研究 [D]. 长春：吉林大学，2013.

[67]　Romera E，Alvarez J M，Bergasa L M，et al. Erfnet：Efficient residual factorized convnet for real-time semantic segmentation [J]. IEEE Transactions on Intelligent Transportation Systems，2017，19（1）：

263-272.

[68] Qi C R, Yi L, Su H, et al. Pointnet++: Deep hierarchical feature learning on point sets in a metric space [J]. Advances in Neural Information Processing Systems, 2017, 30.

[69] Cordts M, Omran M, Ramos S, et al. The cityscapes dataset for semantic urban scene understanding [C]// Proceedings of the IEEE Conference on Computer Vision and Pattern Recognition, 2016: 3213-3223.

[70] Chen K, Wang J, Pang J, et al. MMDetection: Open mmlab detection toolbox and benchmark [J]. arXiv Preprint arXiv: 1906.07155, 2019.

[71] Simonelli A, Bulo S R, Porzi L, et al. Disentangling monocular 3D object detection [C]//Proceedings of the IEEE/CVF International Conference on Computer Vision, 2019: 1991-1999.

[72] Zheng W, Tang W, Jiang L, et al. SE-SSD: Self-ensembling single-stage object detector from point cloud [C]//Proceedings of the IEEE/CVF Conference on Computer Vision and Pattern Recognition, 2021: 14494-14503.

[73] Pang S, Morris D, Radha H. CLOCs: Camera-LiDAR object candidates fusion for 3D object detection [C]// 2020 IEEE/RSJ International Conference on Intelligent Robots and Systems (IROS), IEEE, 2020: 10386-10393.

[74] Bochkovskiy A, Wang C Y, Liao H Y M. Yolov4: Optimal speed and accuracy of object detection [J]. arXiv Preprint arXiv: 2004.10934, 2020.

[75] Dwibedi D, Misra I, Hebert M. Cut, paste and learn: Surprisingly easy synthesis for instance detection [C]//Proceedings of the IEEE International Conference on Computer Vision, 2017: 1301-1310.

[76] Divvala S K, Hoiem D, Hays J H, et al. An empirical study of context in object detection [C]//2009 IEEE Conference on Computer Vision and Pattern Recognition, 2009: 1271-1278.

[77] Fang H S, Sun J, Wang R, et al. Instaboost: Boosting instance segmentation via probability map guided copy-pasting [C]//Proceedings of the IEEE/CVF International Conference on Computer Vision, 2019: 682-691.

[78] Reuse M, Simon M, Sick B. About the ambiguity of data augmentation for 3D object detection in autonomous driving [C]//Proceedings of the IEEE/CVF International Conference on Computer Vision, 2021: 979-987.

[79] Sindagi V A, Zhou Y, Tuzel O. Mvx-net: Multimodal voxelnet for 3D object detection [C]//2019 International Conference on Robotics and Automation (ICRA), 2019: 7276-7282.

[80] Qi L, Jiang L, Liu S, et al. Amodal instance segmentation with kins dataset [C]//Proceedings of the IEEE/ CVF Conference on Computer Vision and Pattern Recognition, 2019: 3014-3023.

[81] Xie E, Wang W, Yu Z, et al. SegFormer: Simple and efficient design for semantic segmentation with transformers [J]. Advances in Neural Information Processing Systems, 2021, 34: 12077-12090.

[82] Liu Z, Lin Y, Cao Y, et al. Swin transformer: Hierarchical vision transformer using shifted windows [C]// Proceedings of the IEEE/CVF International Conference on Computer Vision, 2021: 10012-10022.

[83] Prabhu V U, Birhane A. Large image datasets: A pyrrhic win for computer vision? [J]. arXiv Preprint arXiv: 2006.16923, 2020.

[84] Deng J, Czarnecki K. MLOD: A multi-view 3D object detection based on robust feature fusion method [C]// 2019 IEEE Intelligent Transportation Systems Conference (ITSC), 2019: 279-284.

[85] Sandler M, Howard A, Zhu M, et al. MobileNetv2: Inverted residuals and linear bottlenecks [C]// Proceedings of the IEEE Conference on Computer Vision and Pattern Recognition, 2018: 4510-4520.

[86] Hou Q, Zhou D, Feng J. Coordinate attention for efficient mobile network design [C]//Proceedings of the IEEE/CVF Conference on Computer Vision and Pattern Recognition, 2021: 13713-14722.

[87] He K, Zhang X, Ren S, et al. Spatial pyramid pooling in deepwise convolutional networks for visual recognition [J]. IEEE Transactions on Pattern Analysis and Machine Intelligence, 2015, 37 (9): 1904-1916.

[88] Hu J, Shen L, Sun G. Squeeze-and-excitation networks [C]//Proceedings of the IEEE Conference on Computer Vision and Pattern Recognition, 2018: 7132-7141.

[89] Park J, Woo S, Lee J Y, et al. Bam: Bottleneck attention module [J]. arXiv Preprint arXiv: 1807.06514, 2018.

[90] Woo S, Park J, Lee J Y, et al. Cbam: Convolutional block attention module [C]//Proceedings of the European Conference on Computer Vision (ECCV), 2018: 3-19.

[91] Everingham M, Eslami S M, Van Gool L, et al. The pascal visual object classes challenge: A retrospective [J]. International Journal of Computer Vision, 2015, 111 (1): 98-136.

[92] Wang C Y, Bochkovskiy A, Liao H Y M. Scaled-yolov4: Scaling cross stage partial network [C]// Proceedings of the IEEE/CVF Conference on Computer Vision and Pattern Recognition, 2021: 13029-13038.

[93] Zheng Z, Wang P, Ren D, et al. Enhancing geometric factors in model learning and inference for object detection and instance segmentation [J]. IEEE Transactions on Cybernetics, 2021.

[94] Geiger A, Lenz P, Urtasun R. Are we ready for autonomous driving? the kitti vision benchmark suite [C]// 2012 IEEE Conference on Computer Vision and Pattern Recognition, 2012: 3354-3361.

[95] Deng J, Dong W, Socher R, et al. Imagenet: A large-scale hierarchical image database [C]//Proceedings of IEEE Conference on Computer Vision and Pattern Recognition, 2009: 248-255.

[96] Kingma D P, Ba J. Adam: A method for stochastic optimization [J]. arXiv Preprint arXiv: 1412.6980, 2014.

[97] Howard A G, Zhu M, Chen B, et al. Mobilenets: Efficient convolutional neural networks for mobile vision applications [J]. arXiv Preprint arXiv: 1704.04861, 2017.

[98] Liu Z, Shi P, Qi H, et al. D-S augmentation: Density-semantics augmentation for 3D object detection [J]. IEEE Sensors Journal, 2023.

[99] Ding Z, Hu Y, Ge R, et al. 1st place solution for waymo open dataset challenge-3D detection and domain adaptation [J]. arXiv Preprint arXiv: 2006.15505, 2020.

[100] Wang Y, Fathi A, Kundu A, et al. Pillar-based object detection for autonomous driving [C]//Computer Vision-ECCV 2020: 16th European Conference, Springer International Publishing, 2020: 18-34.

[101] Zeng Y, Hu Y, Liu S, et al. Rt3D: Real-time 3-d vehicle detection in lidar point cloud for autonomous driving [J]. IEEE Robotics and Automation Letters, 2018, 3 (4): 3434-3440.

[102] Smith L N. A disciplined approach to neural network hyper-parameters: Part 1-learning rate, batch size, momentum, and weight decay [J]. arXiv Preprint arXiv: 1803.09820, 2018.

[103] Huang T, Liu Z, Chen X, et al. Epnet: Enhancing point features with image semantics for 3D object detection [C]//Computer Vision-ECCV 2020: 16th European Conference, Springer International Publishing, 2020: 35-52.

[104] Chen Q, Sun L, Cheung E, et al. Every view counts: Cross-view consistency in 3D object detection with hybrid-cylindrical-spherical voxelization [J]. Advances in Neural Information Processing Systems, 2020, 33: 21224-21235.

[105] Girshick R, Donahue J, Darrell T, et al. Rich feature hierarchies for accurate object detection and semantic segmentation [C]//Proceedings of the IEEE Conference on Computer Vision and Pattern Recognition, 2014: 580-587.

[106] Redmon J, Farhadi A. Yolov3: An incremental improvement [J]. arXiv Preprint arXiv: 1804.02767, 2018.

[107] Cai Y, Luan T, Gao H, et al. YOLOv4-5D: An effective and efficient object detector for autonomous driving [J]. IEEE Transactions on Instrumentation and Measurement, 2021, 70: 1-13.

[108] Yoo J H, Kim Y, Kim J, et al. 3D-cvf: Generating joint camera and lidar features using cross-view spatial feature fusion for 3D object detection [C]//Computer Vision-ECCV 2020: 16th European Conference, Springer International Publishing, 2020: 720-736.

[109] Oh S I, Kang H B. Object detection and classification by decision-level fusion for intelligent vehicle systems [J]. Sensors, 2017, 17 (1): 207.

[110] Jin W, Li Z J, Wei L S, et al. The improvements of BP neural network learning algorithm [C]//WCC

2000-ICSP 2000. 5th International Conference on Signal Processing Proceedings，2000，3：1647-1649.

[111] 齐恒. 基于多模态传感器融合的三维环境感知算法研究 [D]. 芜湖：安徽工程大学，2023.

[112] Wang S，Suo S，Ma W C，et al. Deep parametric continuous convolutional neural networks [C]// Proceedings of the IEEE Conference on Computer Vision and Pattern Recognition，2018：2589-2597.

[113] Bodla N，Singh B，Chellappa R，et al. Soft-NMS--improving object detection with one line of code [C]// Proceedings of the IEEE International Conference on Computer Vision，2017：5561-5569.

[114] Zhu B，Jiang Z，Zhou X，et al. Class-balanced grouping and sampling for point cloud 3D object detection [J]. arXiv Preprint arXiv：1908.09492，2019.

[115] Yin J，Shen J，Guan C，et al. Lidar-based online 3D video object detection with graph-based message passing and spatiotemporal transformer attention [C]//Proceedings of the IEEE/CVF Conference on Computer Vision and Pattern Recognition，2020：11495-11504.

[116] Bello I，Zoph B，Vaswani A，et al. Attention augmented convolutional networks [C]//Proceedings of the IEEE/CVF International Conference on Computer Vision，2019：3286-3295.

[117] Huang G，Liu Z，Van Der Maaten L，et al. Densely connected convolutional networks [C]//Proceedings of the IEEE Conference on Computer Vision and Pattern Recognition，2017：4700-4708.

[118] Lin T Y，Goyal P，Girshick R，et al. Focal loss for dense object detection [C]//Proceedings of the IEEE International Conference on Computer Vision，2017：2980-2988.

[119] Xie S，Girshick R，Dollár P，et al. Aggregated residual transformations for deep neural networks [C]// Proceedings of the IEEE Conference on Computer Vision and Pattern Recognition，2017：1492-1500.

[120] Cai Z，Vasconcelos N. Cascade r-cnn：Delving into high quality object detection [C]//Proceedings of the IEEE Conference on Computer Vision and Pattern Recognition，2018：6154-6162.

[121] 刘志强. 基于多传感器融合的3D车辆检测算法研究 [D]. 芜湖：安徽工程大学，2023.

[122] Huang G，Sun Y，Liu Z，et al. Deep networks with stochastic depth [C]//Computer Vision-ECCV 2016：14th European Conference，Springer International Publishing，2016：646-661.

[123] Xiao T，Liu Y，Zhou B，et al. Unified perceptual parsing for scene understanding [C]//Proceedings of the European Conference on Computer Vision（ECCV），2018：418-434.

[124] Kirillov A，Girshick R，He K，et al. Panoptic feature pyramid networks [C]//Proceedings of the IEEE/ CVF Conference on Computer Vision and Pattern Recognition，2019：6399-6408.

[125] Touvron H，Cord M，Douze M，et al. Training data-efficient image transformers & distillation through attention [C]//International Conference on Machine Learning. PMLR，2021：10347-10357.

[126] Carion N，Massa F，Synnaeve G，et al. End-to-end object detection with transformers [C]//Computer Vision-ECCV 2020：16th European Conference，Springer International Publishing，2020：213-229.

[127] Zhu X，Su W，Lu L，et al. Deformable detr：Deformable transformers for end-to-end object detection [J]. arXiv Preprint arXiv：2010.04159，2020.

[128] Ruder S. An overview of multi-task learning in deep neural networks [J]. arXiv Preprint arXiv：1706. 05098，2017.

[129] Xia Z，Pan X，Song S，et al. Vision transformer with deformable attention [C]//Proceedings of the IEEE/ CVF Conference on Computer Vision and Pattern Recognition，2022：4794-4803.

[130] Dong X，Bao J，Chen D，et al. Cswin transformer：A general vision transformer backbone with cross-shaped windows [C]//Proceedings of the IEEE/CVF Conference on Computer Vision and Pattern Recognition，2022：12124-12134.

[131] Liu S，Qi L，Qin H，et al. Path aggregation network for instance segmentation [C]//Proceedings of the IEEE Conference on Computer Vision and Pattern Recognition，2018：8759-8768.

[132] Tan M，Pang R，Le Q V. Efficientdet：Scalable and efficient object detection [C]//Proceedings of the IEEE/CVF Conference on Computer Vision and Pattern Recognition，2020：10781-10790.

[133] Bahdanau D，Cho K，Bengio Y. Neural machine translation by jointly learning to align and translate [J]. arXiv Preprint arXiv：1409.0473，2014.

[134] He K，Zhang X，Ren S，et al. Deep residual learning for image recognition [C]//Proceedings of the IEEE Conference on Computer Vision and Pattern Recognition，2016：770-778.

[135] Rosenblatt F. The perceptron：A probabilistic model for information storage and organization in the brain [J]. Psychological Review，1958，65（6）：386.

[136] Leshno M，Lin V Y，Pinkus A，et al. Multilayer feedforward networks with a nonpolynomial activation function can approximate any function [J]. Neural Networks，1993，6（6）：861-867.

[137] Ioffe S，Szegedy C. Batch normalization：Accelerating deep network training by reducing internal covariate shift [C]//International Conference on Machine Learning，2015：448-456.

[138] Xu B，Wang N，Chen T，et al. Empirical evaluation of rectified activations in convolutional network [J]. arXiv Preprint arXiv：1505.00853，2015.

[139] Lin T Y，Dollár P，Girshick R，et al. Feature pyramid networks for object detection [C]//Proceedings of the IEEE Conference on Computer Vision and Pattern Recognition，2017：2117-2125.

[140] Wu Y，Chen Y，Yuan L，et al. Rethinking classification and localization for object detection [C]// Proceedings of the IEEE/CVF Conference on Computer Vision and Pattern Recognition，2020：10186-10195.

[141] Yu J，Jiang Y，Wang Z，et al. Unitbox：An advanced object detection network [C]//Proceedings of the 24th ACM International Conference on Multimedia，2016：516-520.

[142] Loshchilov I，Hutter F. Decoupled weight decay regularization [J]. arXiv Preprint arXiv：1711.05101，2017.

[143] Huang X，Wang X，Lv W，et al. PP-YOLOv2：A practical object detector [J]. arXiv Preprint arXiv：2104.10419，2021.

[144] Wang H，Wang Z，Du M，et al. Score-CAM：Score-weighted visual explanations for convolutional neural networks [C]//Proceedings of the IEEE/CVF Conference on Computer Vision and Pattern Recognition Workshops，2020：24-25.

[145] Lin T Y，Goyal P，Girshick R，et al. Focal loss for dense object detection [C]//Proceedings of the IEEE International Conference on Computer Vision，2017：2980-2988.